KB202472

끝까지
소망하라

야곱의 가족의 소망 이야기

끝까지 소망하라

박수산 지음

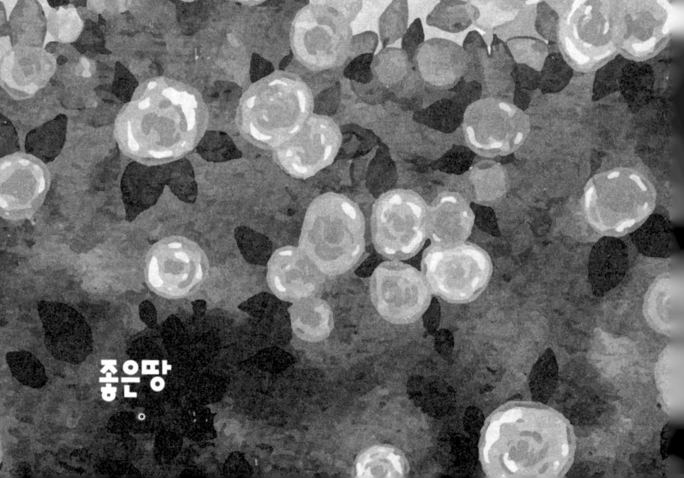

좋은땅

차
례

들어가며

비록 나이는 저보다 한참 어리지만 종종 저에게 영감을 주는 한 아티스트가 있습니다. 바로 악뮤의 이찬혁입니다. 얼마 전 그는 평소 추구하던 음악 스타일이 다른 동생 이수현과 잠시 거리를 두고 ERROR라는 솔로 앨범을 발표했는데, 앨범에 담긴 11곡이 마치 에러처럼 갑자기 맞닥뜨린 죽음 앞에서 스토리텔링 방식으로 그의 직접적이고도 솔직한 이야기를 전합니다. 진솔하게 건넨 삶과 죽음의 이야기가 일상에 잔잔한 파문을 일으킨다는 선정 위원의 심사평과 함께, 2023년 한국 대중음악 시상식에서 최우수 팝 음반상을 수상하기도 했습니다. 세 번째 트랙에 있는 '파노라마' 라는 곡에서 죽음이라는 현실 앞에 그는 외칩니다. *"이렇게 죽을 순 없어 버킷 리스트 다 해 봐야 해"* 버킷 리스트… 죽기 전에 꼭 해 보고 싶은 일들의 목록을 의미하죠. 아이러니하게 죽음 앞에서 우리는 삶에 대해서, 그리고 우리가 바라고 원하는 것에 대해서 어느 때보다 진지하게 생각하게 됩니다.

누구나 살면서 바라고 원하는 것이 있습니다. 바라고 원하는 것을 '소망'이라고 하죠. 소망이 욕망의 동의어는 결코 아닐 것입니다. 욕망이 현재적으로 가지고 누리려고 하는 본능에 의한 바람이라면, 소망은 아마도 미래적으로 다다르고자 하는 지향점을 향한 바람이지 않을까요? 우리는 무엇을 소망하며 살고 있습니까? 어디에 우리의 소망을 두고 하루하루를 호흡하며 달려가고 있습니까? 더 이상 소망할 대상을 찾지 못해 낙심 가운데 있지는 않습니까? 소망하던 대상이 사실은 소망할 만한 대상이 아닌 것을 알고 좌절하고 있지는 않습니까?

성경 66권 중 제일 첫 번째 책 창세기에 나오는 야곱의 가족의 이야기는 바로 **소망**에 관한 이야기입니다. 소망의 대상을 잘못 정하기도 하고, 욕망을 소망이라고 착각하기도 하고, 그러다 정말 소망해야 할 대상이 무엇인지 깨닫고 그 참된 소망을 붙들고 살다 간 한 가족의 이야기입니다. 현대를 살아가는 우리에게 그 먼 옛날 살다 간 한 가족의 소망의 이야기가 어떤 의미가 있을지 의심의 생각이 드는 것은 아주 자연스러운 일입니다. 그러나 우리가 이야기하려고 하는 테마가 소망이라고 한다면, 그리고 그 소망이 위에 언급한 것처럼 우리가 미래적으로 다다르고자 하는 지향점을 향한 바람이라면, 그들의 소망이 곧 우리의 소망일 수 있을 것이고, 소망을 찾아가는 그들의 여정이 곧 우리의 여정일 수 있을 것입니다. 일상의 바쁜 걸음을 잠시 멈추고 야곱의 가족의 이야기를 추적해 가며 그들의 소망, 그리고 우리의 소망에 관한 이유를 찾기를 바라고 소원합니다. 그래서 우리의 죽음이 가까워오는 그 순간 이렇게 죽을 순 없다고 절규하는 대신, 그 소망으로 인해 아름답게 우리의 삶의 마침표를 찍을 수 있는 우리 모두가 되기를 바라는 마음으로 이야기를 시작하려고 합니다.

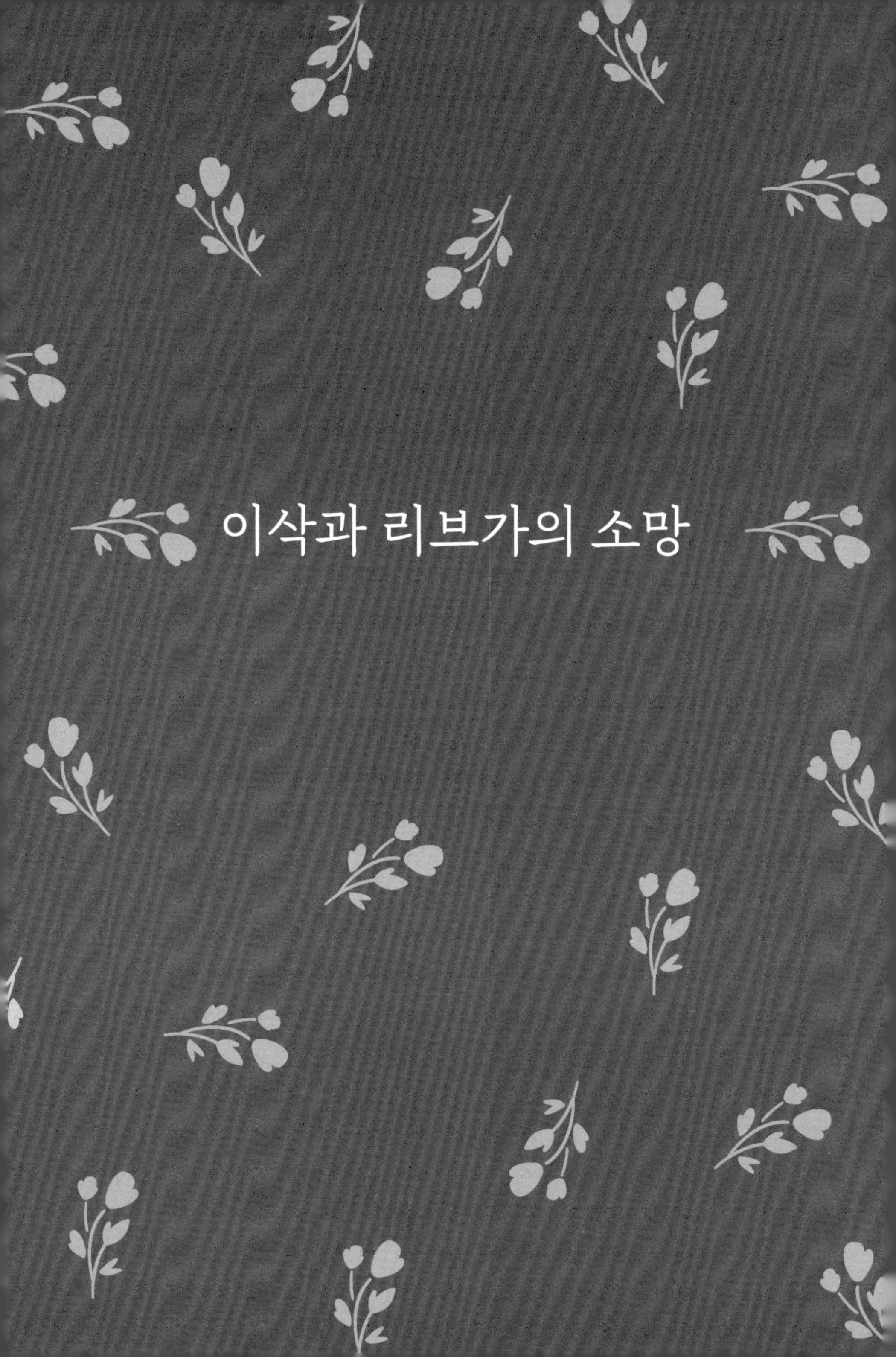

이삭과 리브가의 소망

첫 번째 이야기

소망이 시작되다
– 결혼

가족

'가족'이라는 말처럼 많은 의미를 담고 있는 말도 아마 없을 것 같습니다. '가족'이라는 단어 한 마디만 가지고도 각자 수많은 이야기들, 수많은 사연들을 떠올리게 될 것입니다. 사전적인 정의는 그렇습니다. *'부부를 중심으로 하여 그로부터 생겨난 아들, 딸, 손자, 손녀 등으로 구성된 집단'*을 우리가 보통 가족이라고 부릅니다. 피는 물보다 진하다는 말을 하죠. 다르게 표현하면, 가족은 피로 맺어진 진한 인간 관계입니다. 물론 피가 안 섞여도 입양을 통해서 가족 관계가 형성되기도 하죠. 야곱의 가족의 이야기도 다르지 않을 것 같습니다. 야곱과 아내들, 그리고 그 아들, 딸, 손자, 손녀들이 서로 진한 인간관계를 맺으면서 살아간 이야기입니다. 야곱이 바로와의 첫 만남에서 자신이 험악한 세월을 보냈다는 말을 하죠. 야곱의 가족의 이야기는 정말 수많은 스토리, 수많은 사연을 담고 있습니다. 그리고 그 수많은 스토리, 수많은 사연 속에서 그들을 지탱하게 해 준 한 가지, 그들을 살아갈 수 있게 해 준 한 가지, 그것은 아마 소망일 것입니다. 야곱의 가족은 어떤 소망을 가지고 어떤 인생의 자취를 남겼을까요?

먼저, 야곱을 낳아준 부모에 대해서 살펴보죠.

이삭, 야곱의 아버지

어느 강연자는 부모의 언어를 모국어라고 칭합니다. 부모의 언어라고 할 때, 한국어, 영어, 일본어, 중국어와 같은 말 그대로의 언어를 이야기하는 것이 아니라, 부모가 자녀를 키우면서 사용했던 언어들, 거기엔 음성을 가진 언어뿐 아니라 시선, 표정, 몸짓과 같은 무성의 언어들도 포함이 됩니다. 우리가 아는 모국어와는 정의가 조금 다르지요. 부모가 자녀에게 표현했던 그 유성, 무성의 언어들이 자녀의 모국어가 된다는 것이지요. 다시 말해서, 부모에게서 보고 듣고 느꼈던 그 모든 표현들이 자녀에게 모국어와 같이 자연스럽게 스며들어 그 자녀의 인격과 성품을 좌우하게 된다는 것입니다. 가족이라는 존재가 그렇게 중요한 존재입니다. 특히 부모의 역할이 자녀의 삶에 미치는 영향이 그렇게 크고 중요하다는 거죠. 야곱의 아버지 이삭은 어떤 사람이었을까요? 어떤 언어를 가진 사람이었을까요? 어떤 말을 하고, 어떤 표정을 하고, 어떤 몸짓을 하고, 어떤 표현을, 어떤 방식으로 하는 사람이었을까요?

그는 아버지 아브라함의 나이 100세, 그리고 어머니 사라의 나이 90세에 낳은 귀하고 귀한 아들입니다. 부유한 가정에서 태어나 부모의 사랑을 듬뿍 받으며 아무 부족함 없이 자랐습니다. 그래서인지 그의 인생에는 그다지 굴곡이 없습니다. 창세기 저자 역시 아브라함, 야곱, 요셉의 이야기는 굉장히 상세하게 전달하는 반면, 이삭의 이야기에는 그다지 많은 지면을 할애하지 않습니다. 다르게 표현하면, 그다지 존재감이 크지 않은 인물이었다고 할 수 있습니다.

그의 유년 시절 이야기는 아브라함이 사라의 여종 하갈에게서 낳은 아들 이스마엘에게 놀림을 당한 것이 유일합니다. 그러니까 이스마엘은 이삭의 이복 형이었던 거죠. 비록 여종의 자식이긴 했지만, 이삭이 태어나기 전까지 이스마엘은 아브라함의 유일한 아들이었습니다. 그런데, 사라에게서 이삭이 태어남과 당시에 모든 특권을 이삭에게 다 빼앗겨 버린 것이지요. 이스마엘이 자신의 시기, 질투, 미움, 원망, 고뇌의 감정을 고스란히 이삭에게 표현합니다. 이 이야기의 주체는 누구일까요? 아직 어린 이삭이 아니라 그를 괴롭힌 이스마엘이었죠. 결국 이로 인해 이스마엘은 집에서 쫓겨나고 맙니다. 이삭은 이스마엘에게 잠깐 고통받기도 했지만, 결국 그의 부모에게 철저히 보호받습니다.

이삭의 청소년 시절 이야기는 아버지 아브라함이 이삭을 번제로 드리려고 했던 이야기가 유일합니다. 번제는 짐승을 태워서 드리는 제사입니다. 그런데 짐승 대신 이삭을 번제로 드리라는 말씀을 듣고 아브라함은 정말 아들 이삭을 번제로 드리려고 했습니다. 그러나 하나님께서 아브라함의 믿음을 인정하시고 이삭 대신 숫양을 번제로 드리도록 하시고, 아브라함에게 약속의 말씀을 확증해 주시는 이야기입니다. 이삭은 아무것도 한 게 없습니다. 아버지에게 결박당하고 죽임당할 뻔하다가 하나님의 사자의 중재로 죽을 위기를 넘겼을 뿐이죠. 물론 아버지에게 반항하지 않은 이삭의 순종에 대해서 종종 회자되기도 합니다. 그렇더라도 이 이야기의 주체는 이삭이 아니라 그를 번제로 하나님께 바치려 했던 아브라함입니다. 이삭은 이번에도 하나님의 사자로부터 철저히 보호받습니다.

이제 그가 성인이 되어서 그의 결혼 이야기가 나오죠. 그런데 그의 결혼 이야기에서도 주체는 그가 아니었습니다. 자신의 고향 땅에 가서 아들 이삭을 위하여 아내를 택하라는 아브라함의 방향을 받고 충성스럽게 이 일을 감당한 아브라함의 늙은 종이 이야기의 주체라고 볼 수 있습니다. 어찌 보면 이삭의 결혼은 이삭 당사자보다 아버지 아브라함의 간절한 소망이었는지 모릅니다. 이삭은 결혼에 있어서도 아버지 아브라함의 계획과 아브라함의 늙은 종의 추진에 철저히 기대었습니다. 창세기 24장에 67절에 걸쳐 장황하게 이삭의 결혼 이야기를 소개하는 중에 신랑 이삭은 마지막 여섯 절에 잠깐 등장할 뿐입니다. 그마저도 이삭이 주체적으로 행동한 내용은 63절과 67절뿐입니다. 그런데 이 두 절에 나오는 이삭에 대한 묘사가 그의 성격과 성품에 대해서 아주 잘 설명해 주고 있습니다.

첫째, 묵상하는 사람

24:62절에 보면, 그의 예비 신부 리브가가 이삭과 결혼하기로 결심하고 낙타 타고 신랑을 만나러 오는 때에 이삭이 무엇을 하고 있었는지 소개합니다. 이삭은 저물 때에 들에 나가 묵상하고 있었다고 했습니다. 아마도 그의 일상이었을 겁니다. 이삭은 들에 나가 묵상하는 사람이었습니다. 아마도 그는 꽤 낭만적인 사람이었던 것 같습니다. 재미있는 것은 65절에 보면 리브가가 이삭에 대해서 종에게 물을 때 이삭이 들에서 배회하고 있었다고 표현했다는 것입니다. 아마도 한 자리에 앉아서 묵상한 것이 아니라 들에서 천천히 걸으며 묵상을 했을 거라는 짐작이 가능하겠죠. 어찌 되었든 이삭은 묵상하는 사람이었습니다. 과감하게 행동하는 사람이기보다는 조용히 사색하는 사람이었습니다.

둘째, 사랑이 많은 사람

종의 이야기를 다 들은 후, 이삭은 리브가를 자기 어머니 사라의 장막으로 들이고 리브가를 아내로 맞이하였습니다. 그리고 리브가를 사랑했다고 했습니다. 이삭은 이전에 한번도 리브가를 만나 본 적이 없었습니다. 그러나 그녀를 하나님께서 예비하신 아내로 맞이하고 깊이 사랑했습니다. 그의 어머니 사라를 장례한 후에 위로를 얻었다고 했습니다. 어느 유명 작가가 쓴 대중가요 가사에 보면 '사랑은 다른 사랑으로 잊혀진다'고 말합니다. 그의 어머니 사라가 이삭을 낳고 얼마나 기뻐하고 행복해했습니까? 하나님이 자신을 웃게 하신다고, 듣는 자가 다 자신과 함께 웃을 거라고 하며 그렇게 좋아하고 행복해할 수가 없었습니다. 살아 있는 동안은 또 얼마나 이삭을 아끼고 사랑했을까요? 이복 형 이스마엘이 이삭을 괴롭힐 때도 아브라함에게 거친 항의를 해서 결국 이스마엘을 쫓아내게 한 장본인도 사라였죠. 이삭도 그런 어머니를 깊이 사랑하고 의지했을 것입니다. 그런데 그런 어머니가 죽었으니 얼마나 상심이 컸겠습니까? 저는 아버지와 큰누나를 먼저 하늘나라로 보냈습니다. 아버지 얼굴을 꿈에서 뵙기도 하고, 큰누나가 그리우면 '마중'이라는 가곡을 부르며 그리움을 달래곤 합니다. 가사 중에 그런 내용이 있습니다. *'그립다는 것은 오래전 잃어버린 향기가 아닐까… 사는 게 무언지 하무뭇하니 그리워지는 날에는 그대여 내가 먼저 달려가 꽃으로 서 있을게'* 하물며 어머니를 하늘나라로 보내고 나면 그 그리움을 어떻게 달랠 수 있을지 상상이 안 됩니다. 어쩌면 그가 자주 들에 나가 묵상하곤 했던 것도 어머니를 잃은 아픔과 슬픔을 잊기 위한 노력이었는지 모릅니다. 어머니를 향한 그리움으로 들로 달려가 꽃으로 서 있지 않았을까요? 그렇게 슬픔 속에 있던 그가 리브가를 아내로 맞이합니다. 그리고 그녀를 사랑하며 위로를 얻었습니다.

셋째, 기도하는 사람

결혼을 하고 나면 그 다음에 기다리고 소망하는 것은 바로 자녀를 얻는 것입니다. 그런데 리브가는 임신하지 못했습니다. 임신할 수가 없었습니다. 그런 리브가를 위해 이삭이 하나님께 기도합니다. 몇 년을 기도했을까요? 이삭이 리브가와 결혼한 때는 그의 나이 40세였습니다. 그의 쌍둥이 아들 에서와 야곱이 태어난 것은 그의 나이 60세였습니다. 20년이라는 세월 동안 포기하지 않고 아내 리브가가 아이를 갖도록 기도했습니다. 조바심을 내지도 않았고, 아내 리브가를 탓하거나 원망하지도 않았습니다. 조용히 인내심을 가지고 기도했습니다. 아내를 위해 남편이 표현할 수 있는 최대한의 사랑은 바로 기도입니다. 물론 개개인의 의견차가 있을 수 있겠지만, 사람이 해줄 수 있는 것에 대한 한계치를 잘 아는 사람이라면, 아마도 동의가 가능할 것입니다. 또한 소극적인 사람이 할 수 있는 가장 적극적인 행동이 바로 기도입니다. 이삭은 소극적인 성격이었지만, 아내를 사랑했고, 임신하지 못하는 아내를 위해 적극적으로 하나님께 기도했습니다. 그리고 마침내 기도의 응답을 받아 쌍둥이 아들을 얻게 되었습니다.

넷째, 순종하는 사람

창세기 26장 1절에 보면, 가나안 땅에 다시 흉년이 들었다고 했습니다. 아브라함 때에 첫 흉년이 들었었고, 세월이 흘러 이삭의 때에 다시 흉년이 들었습니다. 이삭은 그랄로 갔습니다. 아마도 첫 흉년 때 아브라함이 그랬던 것처럼 애굽으로 내려갈 계획을 하고 있었는지 모릅니다. 이때 하나님께서 간섭하십니다. ***"애굽으로 내려가지 말고 내가 네게 지시하는 땅에 거주하라 이 땅에 거류하면 내가 너와 함께 있어 네***

게 복을 주고 내가 이 모든 땅을 너와 네 자손에게 주리라 내가 네 아버지 아브라함에게 맹세한 것을 이루어 네 자손을 하늘의 별과 같이 번성하게 하며 이 모든 땅을 네 자손에게 주리니 네 자손으로 말미암아 천하 만민이 복을 받으리라" 이삭의 아버지 아브라함의 소망은 자식 하나 갖는 것이었습니다. 하나님께서 아브라함에게 심으신 소망은 하늘의 별과 같은 자손을 주시고 아브라함의 자손을 통해 천하 만민이 복을 받으리라는 것이었습니다. 동일한 소망을 하나님께서 이제 이삭에게도 심으십니다. 아브라함의 하나님이 이제는 이삭의 하나님이 되셔서 아브라함에게 하셨듯 이삭의 마음 가운데 하나님의 소망을 심으십니다. 이삭의 반응은 어떠했을까요? 성경은 이삭의 반응을 아주 짧게 증언합니다. ***"이삭이 그랄에 거주하였더니"*** 아브라함이 그러했듯, 이삭도 하나님의 말씀에 그대로 순종합니다. 아브라함과 이삭의 가장 큰 장점은 바로 순종의 사람이었다는 것입니다.

다섯째, 두려움이 많은 사람

이삭이 하나님께 순종하여 그랄에 거주한 것까지는 아주 잘한 일인데, 그 다음 스토리가 이상하게 흘러간 게 문제입니다. 아브라함이 흉년으로 애굽에 내려갔을 때 애굽 사람들이 아내 사라의 미모 때문에 자기를 해칠까 봐 지레 겁을 먹고 자기 누이라고 하자고 사라를 설득합니다. 이삭의 경우는 미리 계획된 거짓말은 아니었습니다. 그곳 사람들이 그의 아내 리브가에 대하여 먼저 물어 옵니다. 그러자 리브가의 미모 때문에 그곳 사람들이 자기를 죽일 것 같은 두려움이 들어왔습니다. 그래서 아내라고 하지 않고 누이라고 거짓말을 합니다. 부전자전이라는 말 그대로, 아버지 아브라함이 했던 실수를 그 아들 이삭도 똑같이 반복합니다. 아름다운 아내와 사는 것이 마냥 좋은 것만은 아닐까요? 아브라함도, 사라도 아름다운 아내 때문에 거짓말을 합니다. 물론 아름다운 아내를 둔 것이 문제가 아니라 아브라함과 이삭의 두려움이 문제였겠죠. 두려움의 뿌리는 무엇일까요? 바로 불신입니다. 하나님께서 지키시고 보호하실 것이라는 믿음이 결여된 상태에서 두려움이 엄습해 오는 거죠. 그리고 그 두려움 때문에 스스로 자신을 지킬 생각으로 거짓말을 하는 거죠. 사람이 가장 비참한 때가 언제일까요? 각자의 견해가 다를 수 있겠지만, 두려움에 빠져 있을 때가 가장 비참한 때가 아닐까요? 자신의 인생 플랜을 놓고 믿음으로 하나님께 순종하는 사람이 다른 사람과의 문제 앞에서는 두려움에 빠지는 경우가 종종 있습니다. 하나님은 내 인생을 간섭하시고 다스리시되, 삶의 모든 영역에서, 내가 연약하고 부족한 영역에서도 얼마든지 간섭하시고 다스리실 수 있는 분이십니다. 아브라함은 두 번에 걸쳐서 아내 사라를 누이라고 속였습니다. 하나님은 어떻게 간섭하셨습니까? 애굽에서는 바로와 그의 집에 재앙을 내리셨습니다. 그랄에서는 꿈에 아비멜렉을 죽이겠다고 경고하셨습니다. 그렇게 직접적으로 간섭하셨습니다. 이삭의 경우에는 아내 리브가를 껴안은 것을 아비멜렉이 보게 하셔서 간접적인 간섭으로 리브가를 보호하셨습니다.

여섯째, 양보하는 사람

비록 두려움 때문에 거짓말을 하긴 했지만, 애굽에 가지 않고 그랄 땅에 거한 이삭의 순종을 하나님께서 기뻐하시고, 그 해에 백 배의 소출을 얻게 하셨습니다. 그리고 하나님께서 복을 주셔서 창대하고 왕성하여 마침내 거부가 되었습니다. 양과 소가 떼를 이루고 종이 심히 많았다고 했습니다. 누군가 하나님의 축복을 받으면 내 일처럼 기뻐하고 박수 쳐 주면 좋은데, 꼭 주변에 시기하는 사람들이 있기 마련이죠. 블레셋 사람들 중에도 그런 사람들이 있었습니다. 시기심 때문에 전에 아브라함 때에 판 모든 우물, 즉 현재 이삭의 소유인 모든 우물을 막고 흙으로 메워 버렸습니다. 그리고 아비멜렉은 이삭에게 자신들에게서 떠나라고 합니다. 그랄 골짜기로 거주지를 옮겨서 블레셋 사람들이 막은 우물을 다시 이삭의 종들이 파서 샘 근원을 얻었습니다. 그러자 이번에는 그랄 목자들이 그 우물물이 자기들 것이라고 시비를 걸어옵니다. 양보하고 또 다른 우물을 팝니다. 그랄 목자들이 또 시비를 걸며 소유권을 주장해서 양보하고 다시 다른 우물을 팝니다. 그러자 이번에는 시비를 걸어오지 않습니다. 누군가 말도 안 되는 어이없는 억지를 부리며 시비를 걸어오면, 보통 어떻게 반응하게 될까요? 감정적으로 반응하게 되죠. 혈기로 싸우게 됩니다. 시시비비를 가리자고 멱살 잡고 싸울 수 있습니다. 그런데 이삭은 계속해서 양보했습니다. 원래 성격 자체가 싸우는 걸 좋아하지 않는 성격이었을까요? 그럴 수도 있다고 생각합니다. 그런데 우물 이름을 지으면서 이삭이 뭐라고 말합니까? ***"그 이름을 르호봇이라 하여 이르되 이제는 여호와께서 우리를 위하여 넓게 하셨으니 이 땅에서 우리가 번성하리로다"***

이삭이 자신들의 지경을 넓게 하신 분이 누구라고 고백합니까? 하나님이라고 하죠. 무슨 말입니까? 그가 계속해서 시비 거는 목자들에게 양보할 수 있었던 것은 번성케 하시는 분은 하나님이시라는 믿음이 있었다는 거죠. 아브라함도 흉년 때문에 애굽에 갔다가 자신의 실수에도 하나님이 도우시고 간섭하신 것을 체험한 이후 믿음이 한층 성장했던 것을 볼 수 있습니다. 이삭도 그랬던 것 같습니다. 흉년 때에 믿음으로 그랄에 남았을 때 비록 리브가가 누이라고 거짓말하고 망신을 당하긴 했지만 하나님께 순종했을 때 백 배의 수확을 거두게 하시는 하나님의 은혜를 체험했습니다. 그리고 그의 믿음이 한층 깊어졌습니다. 사람들에게 양보해도 하나님께서 회복케 해 주실 것이라는 믿음이 생겼습니다. 그런 이삭에게 하나님께서 나타나셔서 다시금 약속의 말씀을 주시고 이삭을 위로하십니다. 그리고 나서 이삭이 그곳에 제단을 쌓고, 하나님의 이름을 불렀습니다. 성경에 이삭이 하나님께 제단을 쌓았다는 첫 기록입니다. 하나님의 간섭하심을 체험하고, 하나님을 예배하는 삶을 살게 되었다는 거죠.

이런 아버지라면 어떨까요? 우선 신앙심이 깊은 아버지이고, 인성 또한 훌륭한 사람인 듯 보이죠. 다소 소극적이고 수동적인 면이 있는 것은 옥의 티라고 할 수 있을 것 같습니다. 자녀에게 좋은 본이 될 수는 있겠지만, 다소 무심한 아버지가 될 여지도 있어 보입니다. 아버지가 되기는 쉽지만, 좋은 아버지가 되기는 쉽지 않다고들 합니다. 살아가면서 어려운 일이 많지만, 가장 어려우면서 또 가장 중요한 일 중 하나가 바로 좋은 아버지가 되는 것 아닐까요?

다음으로, 야곱의 어머니 리브가에 대해서 살펴보죠.

리브가, 야곱의 어머니

야곱의 어머니 리브가는 어떤 사람이었을까요? 어떤 언어를 가진 사람이었을까요? 어떤 말을 하고, 어떤 표정을 하고, 어떤 몸짓을 하고, 어떤 표현을, 어떤 방식으로 하는 사람이었을까요?

리브가가 처음 성경에 등장하는 것은 창세기 24장 이삭의 결혼 이야기에서입니다. 그리고 바로 이 대목에서 리브가가 어떤 사람인지 잘 드러납니다.

첫째, 섬김의 사람

아브라함의 종은 이삭의 아내를 데려와야 하는 막중한 사명을 맡게 되었습니다. 신붓감을 고르려면 어떤 기준이 있어야 했겠죠? 그는 결혼 정보 회사도 없던 그때 누가 이삭의 아내가 될 것인가를 결정하는 기준을 정해야 했습니다. 그리고 그 기준을 자신을 위해 우물물을 조금 청했을 때 낙타를 위해서도 물을 길어 주는 여인으로 정했습니다. 기도를 마치기도 전에 물동이를 어깨에 메고 우물로 내려온 한 여인이 있었으니, 그녀가 바로 리브가였습니다. 아브라함의 종이 물을 청했을 때, 리브가는 급히 물동이를 어깨에서 내려 아브라함의 종에게 시원한 우물물을 건넸습니다. 그녀가 바쁜 일이 있어 얼른 물을 주고 돌아가려고 했던 것이 아니었습니다. 무더위와 긴 여행에 지친 나그네가 어서 목을 축일 수 있도록 급히 물을 건넨 것이지요. 섬김이라는 것은 그런 것 같습니다. 다른 사람의 필요를 살피고 채워 주는 것이지요. 그래서 섬김의 사람이 귀한 사람이고, 섬기는 사람이 사람을 세우고 살리는 사람입니다. 그게 다가 아니었습니다. 리브가는 말 못하는 낙타의 필요도 돌아볼 줄 아는 여인이었습니다. 긴 여행에 지친 낙타에게도 물을 마시게 합니다. 오지랖이었을까요? 말 못하는 짐승에게까지 마음을 쓸 만큼 내면이 넓은 여인이었다는 거죠. 24:16절에 보면 리브가의 외모가 굉장히 수려했다는 것을 확인할 수 있습니다. 그런데 그녀의 진가는 외모의 수려함이 아니었습니다. 외모보다도 내면이 더 아름다운 여인이었다는 것이죠.

둘째, 결단력 있는 사람

리브가의 섬김에 감동하고 나서 그녀의 족보를 확인해 보니 밀가가 나홀에게서 낳은 브두엘의 딸이라고 합니다. 나홀이 누구입니까? 아브라함의 족보를 기억해 볼까요? 데라에게 세 아들이 있었죠. 장자 하란, 나홀, 그리고 아브라함 이렇게 셋입니다. 아브라함은 자녀를 갖는 데 어려움을 겪었으나 나홀은 큰 문제없이 브두엘을 낳았습니다. 리브가는 나홀의 손녀이자 브두엘의 딸이었던 거죠. 다시 말해서 이삭의 5촌

조카였다는 말입니다. 아브라함이 하도 늦은 나이에 이삭을 낳았기 때문에 가능한 시나리오인 거죠. 아브라함의 종은 지체할 시간이 없었습니다. 한시라도 빨리 신부 리브가를 주인 아브라함과 주인의 아들 이삭에게 소개시켜 주고 싶었습니다. 그래서 리브가의 아버지와 오빠를 만나 결혼 승낙을 받고 난 바로 다음 날 즉시 주인 아브라함의 집으로 돌아가려고 했습니다. 얼마나 간절한 마음으로 그들이 이삭의 신붓감을 기다리고 있는지 잘 알고 있었기 때문입니다. 그런데 리브가의 가족 편에서는 너무나 당황스러운 제안이었겠죠. 그래서 열흘만이라도 시집 보낼 준비할 시간을 달라고 합니다. 그런데도 아브라함의 종은 단 하루도 지체할 생각이 없었습니다. 결국 리브가의 가족은 당사자인 리브가의 의견을 듣고 결정하기로 하죠. ***"네가 이 사람과 함께 가려느냐"*** 묻습니다.

그때 리브가의 대답이 무엇이었을까요? ***"가겠나이다"*** 긴말이 필요 없었습니다. 심플하게 가겠다고 선언합니다. 그 한마디로 모든 고민과 실랑이가 교통정리되었습니다. 정든 가족과 익숙한 고향을 떠나 멀리 떨어진 낯선 곳으로 사진 한 장 없이 누구인지도 모르는 사람과 결혼을 하러 가는 그녀의 마음이 어떠했을까요? 결혼하기 직전 예비 신부들이 얼마나 많은 염려와 고민과 갈등을 합니까? 그런데 리브가는 여러 생각하지 않고 여러 말하지 않았습니다. ***"가겠나이다"*** 이 한 마디가 그녀가 어떤 사람인지, 어떤 생각과 어떤 가치관을 가지고 사는 사람인지 아주 선명하게 대변해 주죠. 이렇게 리브가는 하나님의 인도하심이라고 판단되면 길게 고민하지 않고 시간을 지체하지도 않고 단번에 결단하고 행동하는 여성이었습니다.

이런 어머니라면 어떨까요? 이 세상에서 가장 아름다운 영어 단어를 앙케트로 조사했더니 'Mother(어머니)'가 뽑혔다고 하죠. 'Father(아버지)'가 두 번째로 아름다운 영어 단어였을까요? 그랬다면 좋았겠지만, Passion(정열), Smile(웃음), Love(사랑) 순이었다고 합니다. 웃프게도 Father는 다섯 번째는커녕 열 번째에도 들지 못했다고 합니다. 여자는 연약하나 어머니는 위대하다는 말이 있습니다. 조각가가 아름다운 예술품을 조각하듯이, 어머니는 자녀들의 품성을 아름답게 조각하는 사람입니다. 그래서 좋은 어머니가 되는 것은 세상에서 가장 귀한 일들 중 하나이며, 세상의 모든 어머니들이 좋은 어머니가 되기를 진심으로 바라는 것입니다. 리브가는 섬김과 희생과 헌신의 미덕을 갖추고 있는 여인이었을 뿐만 아니라, 선택하고 행동해야 할 때 지체하지 않는 결단력까지 갖춘 여인이었습니다.

얼핏 살펴봐도 이삭은 정적인 사람, 리브가는 동적인 사람이라는 것이 금방 확인되죠. 이렇게, 야곱의 아버지 이삭과 어머니 리브가가 어떤 사람들이었고, 어떻게 결혼하여 가정을 이루게 되었는지 살펴보았습니다. 아브라함에게 주신 하나님의 약속이 밤하늘에 빛나는 별들과 같이 셀 수 없는 자손을 주셔서 큰 민족을 이루는 것이었다는 것을 기억해보면, 약속의 자녀 이삭과 리브가의 결혼은 이 소망의 역사의 시작이었다고 해도 과언이 아닐 것입니다. 이삭과 리브가는 어떻게 자녀를 낳고, 자녀들의 성장에 어떤 영향을 미치고, 또 어떤 모국어를 자녀들에게 형성케 했을지 사뭇 궁금해집니다. 이제 이 네 명이 속한 한 가족의 파란만장한 이야기들을 시작해 보죠.

두 번째 이야기

소망의 대상을 선택하다
– 축복

앞에서 언급한 바와 같이 리브가가 임신하지 못해서 이삭은 하나님께 이 문제를 놓고 간절히 기도했습니다. 그리고, 하나님의 기도 응답으로 이삭은 결혼한 지 20년 후, 그의 나이 60세에 드디어 쌍둥이의 아빠가 될 수 있었습니다. 아버지 아브라함이 100세에 자신을 낳은 것을 생각하면 60세에 하나도 아니고 둘씩이나 자녀를 갖게 된 것은 차라리 감사제목에 가까웠습니다. 이삭은 하나님의 약속의 자녀였습니다. 한때 이스마엘에게 조롱당하던 시절이 있었습니다. 그러나 육신의 자녀였던 이스마엘은 이삭이 아주 어렸을 때 집 밖으로 내쫓겼습니다. 그래서 이삭은 별 어려움 없이 하나님의 축복의 역사를 계승받을 수 있었습니다. 이삭의 삶은 무난하고 평탄한 삶이었다고 할 수 있습니다. 그러나 그의 두 아들의 삶은 평탄과는 거리가 멀었습니다. 야곱은 뱃속에서부터 쌍둥이 형 에서와 장자권을 둘러싼 투쟁의 삶을 시작했습니다. 누가 장자권을 가질 것이냐 하는 것은 모두에게 중요한 문제였습니다. 이를 두고 이삭과 리브가 간에, 그리고 에서와 야곱 간에 첨예한 갈등이 있었습니다.

사랑

같은 부모 밑에서 같은 날 태어난 자식인데 부모가 각자 더 사랑하는 아들이 따로 있었습니다. 편애였을까요? 어떤 이유로 한 자녀를 다른 자녀보다 더 사랑했다면 편애가 맞겠죠. 그나마 다행인 것은 그 편애의 대상이 각자 달랐다는 겁니다. 그러니까 적어도 부모 중 한 사람에게는 사랑을 받고 자랐다는 거죠. 그런데 과연 두 아들 중 한 아들을 유독 더 사랑했던 각자의 이유는 무엇이었을까요?

25:29절에 보면 이삭은 에서가 사냥한 고기를 좋아하므로 그를 사랑하고, 리브가는 야곱을 사랑했다고 기록하고 있습니다. 이삭이 에서를 사랑한 데는 명백한 이유가 있었습니다. 에서는 익숙한 사냥꾼이었습니다. 아마 날 때부터 마초 본성을 가진 상남자였던 것 같습니다. 이삭이 에서를 사랑한 이유는 그랬습니다. 그가 에서가 사냥한 고기를 좋아했기 때문입니다. 아마도 이삭은 굉장히 미식가였던 것 같습니다. 그래서 자기가 좋아하는 고기를 날마다 잡아 오는 에서를 사랑했습니다. 그가 에서를 사랑한 이유는 어디까지나 에서가 사냥한 고기 때문이었습니다. 그다지 이유 같지 않은 이유였습니다. 성향으로 보자면 야곱이 더 이삭의 성향에 가까웠습니다. 25:27절에 보면 야곱은 조

용한 사람이라고 했죠. 이삭도 조용한 사람이었다는 걸 이미 확인했습니다. 이삭은 들에 나가 묵상하는 사람이었고, 야곱은 주로 집콕하는 (집에 콕 박혀 있는) 사람이었습니다. 반면 에서는 들사람이라고 했습니다. 어쩌면 조용히 사색하는 것을 좋아하고 사람들과 충돌하는 걸 회피했던 이삭은 자신과 비슷하게 조용한 성격의 야곱보다, 거칠고 와일드하고 거침없는 성격의 에서가 더 마음에 들었는지 모릅니다. 그건 어디까지나 우리의 추리일 뿐이고, 성경은 이삭이 에서를 사랑한 이유가 *'고기를 좋아해서'*라고 했습니다.

그러면 이삭은 사냥을 잘했던 것 외에 에서의 다른 측면은 보지 않았을까요? 아버지 이삭이 사십 세에 결혼을 한 것처럼 에서도 나이 사십에 아내를 맞이합니다. 그런데 누구를 아내로 맞이합니까? 26:34절에 보면 헷 족속 브에리의 딸 유딧과 헷 족속 엘론의 딸 바스맛을 아내로 맞이했다고 기록하고 있습니다. 헷 족속은 아브라함에게 막벨라 굴을 팔았던 족속이죠. 이 두 여인들은 하나님을 섬기는 믿음의 여인들이 아니었습니다. 에서가 그녀들을 아내로 맞이한 것을 보면 에서는 믿음의 여인과 결혼해야 한다는 인식 자체가 없었다고 짐작해볼 수 있습니다. 결국 그들은 이삭과 리브가의 마음에 근심이 되었습니다. 표현을 약하게 해서 마음에 근심이지 영어 NIV 성경에 보면 a source of grief, KJV 성경에는 a grief of mind로 표현하고 있습니다. 이 믿음 없는 세 사람의 조합은 이삭과 리브가의 마음에 비탄을 느끼게 했습니다. 자식을 믿음의 자녀답게 키우지 못한 자책과 슬픔과 안타까움과 근심의 복합적인 감정이었을 것입니다.

그런데 이것이 비단 에서만의 잘못이었을까요? 우리는 아브라함이 이삭이 가나안 자손과 결혼하지 않도록 자신의 충성스러운 종을 고향으로 보내어 결국 리브가와 결혼하게 했던 사실을 기억합니다. 그런데 이삭은 아들 에서의 결혼을 위해서 무엇을 했습니까? 왜 이삭은 사랑하는 에서의 결혼에 무관심했을까요? 결국 에서가 헷 족속 여인들을 아내로 데려올 때까지 손 놓고 방치하고 있었다는 얘기죠. 아마 이삭은 에서가 사냥할 때만큼은 온전히 믿고 맡길 수 있었을 것입니다. 믿고 맡기면 늘 사냥에 성공해서 맛있는 고기를 대접하곤 했으니까요. 그런데 이삭은 믿고 맡기지 말아야 할 영역까지 믿고 맡겨 놓았던 것 같습니다. 아니면 누구 일에, 그것이 자식 일이라도 깊이 관여하지 않고 간섭하지 않는 이삭의 천성이었을지도 모릅니다. 이미 앞에서 이삭의 성격이나 성향에 대해서 살펴보았던 바가 있습니다. 우리는 이삭에게서 무심한 아버지의 전형을 봅니다. 잔소리 안 하고 화 안 내니까 좋은 아버지였다고 할 수 있을까요? 결코 그렇지 않습니다.

사람은 누구나, 특히 성장하는 과정에 있어서는 더더군다나, 흔들리고 헷갈리는 자신을 누군가 붙잡아 주기를 바랍니다. 나아가야 할 길과 방향을 누군가 제시해 주고 가이드해 주기를 원합니다. 그리고 그 역할을 해 주어야 할 한 사람이 있다고 한다면, 그건 다름 아닌 아버지여야 할 것입니다. 그러니 자식의 교육 문제, 자식의 신앙 문제는 절대로 소홀히 할 수 없는 명명백백한 아버지의 의무이고, 책임입니다. 그

걸 이삭이 간과했다는 거죠. 자녀에게 믿고 맡기는 것과 무관심하게 자녀를 방치하는 것과는 어마어마한 차이가 있습니다.

여러분! 사랑이 무엇일까요? 분명 이삭은 에서를 사랑했다고 했습니다. 에서가 사냥한 고기를 좋아해서 에서를 사랑했다고 했습니다. 그럴 수 있습니다. 이왕이면 아버지가 좋아하는 고기를 사냥해다가 주는 아들이 더 사랑스러울 수 있죠. 공부 잘 하는 자녀가 더 사랑스러울 수 있고, 애교 많고 말 예쁘게 하는 자녀가 더 사랑스러울 수 있습니다. 그런데 사랑은 내 만족으로 끝나서는 절대 안 됩니다. 특히 자식에 대한 부모의 사랑은 더더욱 그렇습니다. 자식을 보는 부모의 마음이야 눈에 넣어도 아프지 않을 만큼 늘 사랑스러운 존재이겠죠. 그런데 내게 사랑스러운 자식이 바른 길을 가도록, 옳은 일을 하도록 끊임없이 가르치고 권하고, 그래도 따르지 않으면 훈계하고 책망해서 따르도록 하는 것까지가 부모의 사랑입니다.

그러면 이삭은 과연 에서를 사랑했을까요? 감정적으로는 사랑했겠죠. 비뚤어져 가는 자식의 모습을 보고 안타까워하고 근심하는 그런 아버지이긴 했습니다. 그러나 거기까지였습니다. 그 자식을 돌이키기 위해 기도하지 않습니다. 우리는 리브가가 자녀를 갖지 못했을 때 그녀를 위해 간구했던 이삭의 모습을 기억합니다. 왜 비뚤어져 가는 자식을 보면서는 기도했다는 기록이 없을까요?

소망

저는 이 문제를 소망의 문제로 풀어 보고 싶습니다. 이삭의 소망은 무엇이었을까요? 그는 무엇을 바라고 무엇을 소망하고 무엇을 기대하며 살고 있었을까요? 저는 그의 소망이 축복의 계승이었을 거라고 생각합니다. 그리고 그것이 그의 평생에 늘 그를 짓눌렀던 부담감이었다고 생각합니다. 그는 아브라함과 사라가 간절히 바라고 바라던 아들이었습니다. 무려 아버지 나이 100세, 어머니 나이 90세에 태어난 늦둥이 아들이었습니다. 그는 하나님의 약속의 자녀였습니다. 그의 존재 자체가 하나님의 약속의 성취였습니다. 아브라함은 하나님을 인격적으로 만나고 하나님의 부르심을 받아 고향 땅을 떠나 하나님의 약속의 땅으로 이주하였습니다. 아브라함의 삶은 그래서 늘 주체적이고 능동적이었습니다. 믿음의 조상이었고, 하나님의 친구였고, 개척자였고, 선지자였고, 가나안 족속들 위에 하나님께서 세우신 지도자였습니다(23:6).

이삭이 결혼하기 3년 전쯤 어머니 사라가 죽었습니다. 아버지 아브라함은 이삭을 결혼시키고 나서 후처를 얻었습니다(25:1). 그래서 이삭이 75세가 될 때까지 35년간은 아마 그다지 왕래가 없이 지냈던 것 같습니다. 이후 이삭에게는 아브라함으로부터 계승받은 하나님의 축복을 그의 아들에게 계승해야 할 절대적인 사명이 있었습니다. 그래서 리브가가 임신하지 못했을 때 자녀 문제를 놓고 더 간절히 기도했을 것입니다. 아브라함이 사라에게서 얻은 아들은 이삭 하나였기 때문에 누구에게 계승할 것인가를 놓고 이견이 있을 리 없었습니다. 그런데 이삭의 경우는 쌍둥이 아들이 있었기 때문에 둘 중 하나를 계승자로 결정해야 했습니다. 그리고 이삭은 당연히 장자인 에서를 계승자로 생각했습니다. 그리고 당시의 풍습을 생각하자면 지극히 자연스러운 선택이었을 것입니다. 이삭은 하루라도 빨리 하나님의 축복을 장자 에서에게 계승하고 마음의 부담감을 털어 버리고 싶었던 것 같습니다. 그래서 에서가 세속적이고 감정적이고 인성도 부족하고, 믿음의 결혼을 할 만큼 영적인 가치관도 없었음을 알면서도 그에게 계승하고자 하는 계획을 포기할 뜻도, 먼저 하나님의 축복을 계승할 만한 사람으로 성장하고 변화되기까지 기다릴 뜻도 없었습니다. 그의 소망은 아무 탈 없이 장자 에서에게 하나님의 축복을 계승하는 것이었습니다.

반면, 리브가는 누구를 사랑했다고요? 야곱을 사랑했다고 했습니다. 왜 야곱을 사랑했다고 하죠? 그런 말은 없습니다. 장자 에서가 집 밖에서 주로 시간을 보낼 때 야곱은 집에서 집안일을 거들고 엄마의 필요를 채워 줘서였을까요? 그런 요소도 없지 않아 있었을 것 같습니다. 그러나 우리 짐작일 뿐이고 성경은 그런 이유에서 리브가가 야곱을 사랑했다고 밝히질 않습니다. 적어도 그것이 중요한 요소가 아니었다는 얘기겠죠. 그럼 무엇이 리브가가 야곱을 사랑한 이유였을까요? 리브가가 쌍둥이 두 아들을 임신하고 있을 때 그들은 뱃속에서 심하게 싸웠습니다. 고통을 겪던 리브가는 하나님께 기도합니다. 그리고 하나님의 응답을 받습니다.

25:23절입니다. ***"여호와께서 그에게 이르시되 두 국민이 네 태중에 있구나 두 민족이 네 복중에서부터 나누이리라 이 족속이 저 족속보다 강하겠고 큰 자가 어린 자를 섬기리라 하셨더라"*** 그저 단순한 두 형제의 다툼이 아니었던 거죠. 두 민족 간의 다툼이 리브가 뱃속에서부터 시작되고 있었던 겁니다. 동생 야곱이 이룰 민족이 형 에서가 이룰 민족보다 강할 것이라는 계시였던 거죠. 리브가는 이 말씀을 가슴 깊이 새겼습니다. 아마도 리브가가 야곱을 사랑한 이유는 하나님께서 기도 응답으로 주신 이 말씀 때문이었을 거라는 짐작이 가능하겠죠.

말라기 1:2, 3절에 보면 ***"에서는 야곱의 형이 아니냐 그러나 내가 야곱을 사랑하였고 에서는 미워하였으며"***라고 말씀합니다. 하나님이 야곱을 사랑하시고 에서는 미워하셨다는 뜻입니까? 여기서 미워했다는 말은 상대적인 의미를 담고 있습니다. *'덜 사랑했다'*라고 해석할 수 있습니다. 여기에서 말씀하는 사랑을 어떻게 해석해야 할까요? 이삭이 에서를 사랑하고, 리브가가 야곱을 사랑한 것은 단순히 편애의 차원이 아닙니다. 이 사랑은 곧 선택을 의미하는 것이죠. 이삭은 축복의 대상으로 에서를 선택했고, 리브가는 하나님께서 야곱을 선택하신 그 택하심에 기초하여 야곱을 선택했다는 것입니다. 하나님께서 장자인 에서 대신 야곱을 택하신 데는 어떤 이유가 있었을까요? 로마서 9:11~13절에는 이 택하심에 대해서 다음과 같이 설명합니다. ***"그 자식들이 아직 나지도 아니하고 무슨 선이나 악을 행하지 아니한 때에 택하심을 따라 되는 하나님의 뜻이 행위로 말미암지 않고 오직 부르시는 이로 말미암***

아 서게 하려 하사 리브가에게 이르시되 큰 자가 어린 자를 섬기리라 하셨나니 기록된 바 내가 야곱은 사랑하고 에서는 미워하였다 하심과 같으니라" 인간의 어떤 행위가 개입되지 않은 하나님의 주권적인 택하심이라는 거죠. 야곱이 에서보다 더 선하고 의로운 사람이어서 택함받은 것이 결코 아니라는 것입니다.

과연 이삭과 리브가의 엇갈린 사랑과 엇갈린 선택은 어떤 결말로 마무리될까요?

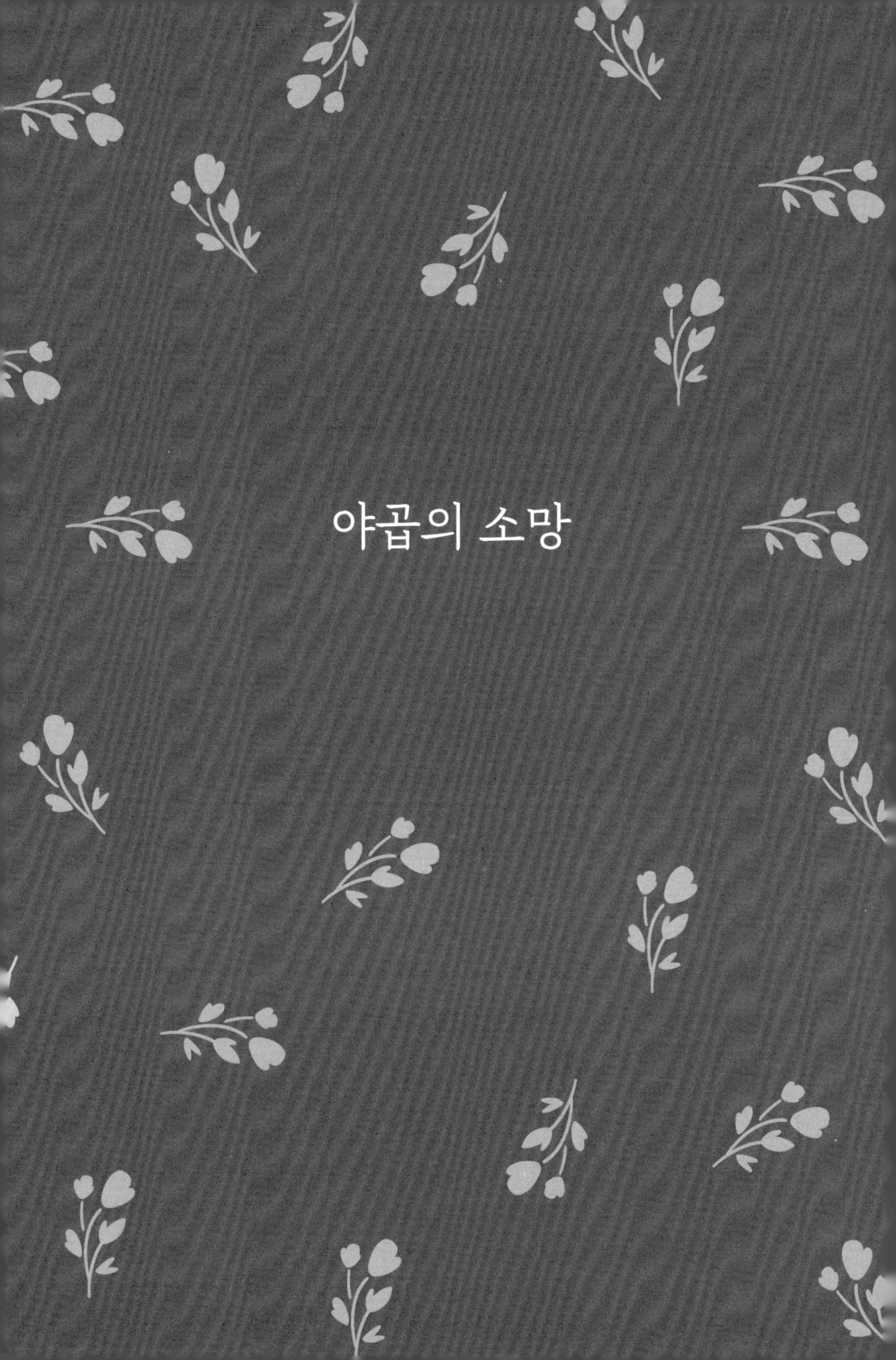
야곱의 소망

세 번째 이야기

소망을 쟁취하다
- 장자권

이삭의 믿음의 승리를 다루는 26장을 지나 27장을 보면, 이삭이 에서를 부르는 장면으로 시작됩니다. ***"이삭이 나이가 많아 눈이 어두워 잘 보지 못하더니 맏아들 에서를 불러 이르되 내 아들아 하매 그가 이르되 내가 여기 있나이다 하니"*** 이삭은 육적으로 눈이 어두워 잘 보지 못하는 상태였습니다. 나이 먹어서 눈이 어두워지는 것은 우리 힘으로 어쩔 수 없습니다. 그런데 문제는 그가 영적인 눈까지 어두워졌다는 데 있었습니다. 그는 곧 자기가 죽을 것이라 여기고 자신이 받은 축복을 에서에게 계승하고자 하였습니다. 여기서 우리는 이삭의 삶에서 아브라함과 야곱과는 다른 한 가지 특징을 발견케 됩니다.

아브람은 약점과 실수도 많았지만 결국 열국의 아비 아브라함으로 성장하여 복의 근원이 되었습니다. 야곱은 인간성이 강하여 하나님께 쓰임받기 힘든 자였지만 이스라엘로 변화받고 순리대로 하나님의 축복을 계승하여 이스라엘 열 두 지파의 조상이 되었습니다. 그런데 이삭은 그 이름이 바뀌지 않습니다. 그만큼 그의 신앙은 특별한 성장 곡선이 없습니다. 믿음의 가정에서 약속의 자녀로 태어나 믿음의 중심을 잘 지키고 믿음의 영향력을 끼치며 살았지만, 별로 힘든 훈련 코스가 없었던 만큼 특별히 영적인 투쟁도, 성장도 없었던 것 같습니다. 그래서 그는 나이 들어 영적인 분별력을 상실하여 말년이 아름답지 못했습니다. 우리는 순탄한 삶, 평탄한 삶, 형통한 삶을 바랍니다. 그러나 그것이 반드시 좋은 것만은 아닙니다. 때로 고난받고 연단받는 것이 우리에게 도리어 유익하고 우리로 하여금 성장케 합니다.

한편 리브가는 하나님의 뜻을 앞세워 야곱이 축복을 받고자 수단과 방법을 가리지 않는 모습을 보여 줍니다. 본래 리브가가 어떤 여인입니까? 한마디로 인정보다 하나님의 뜻을 앞세우는 여인입니다. 아브라함의 종이 그녀의 집에 당도한 이튿날 주인에게로 돌아가고자 했을 때 그녀의 대답이 무엇이었습니까? ***'가겠나이다'*** 그녀의 어머니가 적어도 열흘을 있다 가기를 바랐지만 그녀는 하나님의 뜻이 분명한 이상 인정에 매여 시간을 지체하지 않았습니다. 그런 여인입니다. 에서도 한 배에서 난 자식이지만 그녀에게는 에서가 받을 고통보다도 하나님의 뜻이 이루어지느냐 그렇지 않느냐가 더 중요한 문제였습니다. 물론 수단과 방법은 좋지 않았습니다. 우리는 할 수 있는 대로 결과뿐 아니라 수단과 방법도 영적으로, 순리대로 해야 합니다. 그러나 특수한 상황도 있을 수 있습니다. 에서가 사냥해서 돌아오면 이삭은 에서에게 축복을 하려고 했고, 그러면 모든 것이 끝나버립니다. 하나님의 뜻이 이루어지지 않게 됩니다. 6-17절 말씀을 보면 리브가가 얼마나 긴급하게 야곱을 에서처럼 분장시키고 별미를 만들어 준비시키는지 살펴볼 수 있습니다. 방법은 좋지 않았지만 하나님은 이 일에 침묵하십니다. 이 일을 허용하십니다. 그리고 결국 하나님의 뜻대로 야곱이 축복을 받게 되었습니다.

이삭과 리브가가 각자의 소망을 따라 어떻게 사랑의 대상, 소망의 대상을 선택했는지 살펴보았습니다. 결국 이루어지는 것은 하나님의 뜻입니다. 이삭이 가장인 것, 에서가 장자인 것은 크게 의미가 없었습니다. 이삭의 소망과 달리, 그리고 에서의 기대와 달리 이삭의 축복을 받게 된 건 야곱이었습니다.

야곱이 하나님의 뜻을 알고 있었다면 팥죽을 팔아서라도 장자권을 얻으려는 인간적인 노력은 하지 않았을 것입니다. 그들의 갈등은 복중에서부터 시작되었습니다. 먼저 엄마 뱃속에서 나가는 사람이 하나님의 축복을 계승하게 될 것을 이미 알고 있기라도 한 것처럼 서로 먼저 나가려고 싸웠습니다. 결국 힘센 에서가 먼저 세상에 나왔고 장자가 되었습니다. 이것이 에서의 처음이자 마지막 승리였습니다.

에서와 야곱은 하나에서부터 열까지 너무 달랐습니다. 25:24-28절을 보면, 에서는 몸에 털이 많았습니다. 야곱은 팔다리가 매끈매끈했습니다. 에서는 익숙한 사냥꾼으로서 야성미가 넘치는 들사람이었던 반면, 야곱은 성격이 조용하여 주로 장막에 거하며 어머니를 도왔습니다. 무엇보다 달랐던 것은 바로 무엇을 가치 있게 여기는가 하는 가치관이었습니다. 바로 우리가 주목해야 할 부분이 이 부분입니다.

장자의 명분

그러면, 에서가 귀하게 여겼던 것은 무엇이고, 야곱이 귀하게 여겼던 것은 무엇이었습니까? 25:29-34절을 보겠습니다. 에서는 당장 배부른 것을 귀하게 여겼습니다. 그는 야곱이 간교하게 팥죽 한 그릇에 장자권을 팔라고 했을 때 속으로 이렇게 생각했습니다. ***"내가 죽게 되었으니 이 장자의 명분이 내게 무엇이 유익하리요"*** 그러면 여기서 장자의 명분이 무엇이 유익한지 생각해 볼 필요가 있습니다. 장자에게는 가족을 다스리는 지배권이 있었습니다. 재산을 상속받을 때도 차자의 두 배를 받았습니다. 무엇보다도 아브라함으로부터 시작된 언약의 축복을 계승할 수 있었습니다. 장자의 명분이 있느냐 없느냐 하는 것은 구속 역사의 주인공으로 쓰임 받을 수 있느냐 없느냐 하는 중대한 문제였습니다. 그런데 에서는 말합니다. ***'이 장자의 명분이 내게 무엇이 유익하리요'*** 에서에게 있어 장자의 명분은 돼지에게 진주를 주는 것과 같았습니다. 돼지는 진주 귀한 것을 모르고 당장 먹을 것만 귀히 여깁니다. 에서 또한 장자의 명분이 얼마나 귀하고 유익한지 모르고 팥죽 한 그릇에 장자의 명분을 팔아 버립니다. 창세기 저자는 25:34절에서 에서가 장자의 명분을 경홀히 여겼다고 기록하고 있습니다. 히브리서 12:16절에는 '***망령된 자***'라고 표현합니다. 망령되다는 것은 쉽게 말하면 말이나 행동이 정상적이지 않다는 것입니다. 그는 팥죽 한 그릇과 장자의 명분을 놓고 무엇을 얻을까 무엇을 잃을까 결정해야 했을 때 장자의 명분을 버리고 팥죽 한 그릇을 얻기로 결정했습니다. 정상적인 판단이 아니라는 거죠. 그가 얻은 팥죽 한 그릇은 뱃속으로 들어가서 소화되어 흔적도 없이 사라졌습니다. 후에 그가 눈물을 흘리며 구하되 버린 바가 되어 회개할 기회를 얻지 못하였다고 했습니다.

어떤 여행객이 아름답기로 소문난 영국의 한 해변을 찾았습니다. 휴가철을 이미 넘긴 후라 한적하고 아름다운 바다 풍경을 즐길 수 있을 것으로 기대했습니다. 그런데 여행객의 눈앞에 펼쳐진 광경은 그의 기대와는 전혀 딴판이었습니다. 수많은 갈매기들이 모래사장 위에 죽어 있었던 것입니다. 이상하게 여긴 여행객은 죽은 갈매기들을 치우고 있던 사람에게 갈매기들이 죽은 원인이 무엇인지 물었습니다. 그때 죽은 갈매기를 치우던 사람이 대답했습니다. *'여행객들이 던져 준 과자와 사탕들 때문이지요. 갈매기들은 그 달콤한 먹이들을 받아먹다가 그만 자연 먹이에 대한 식욕을 잃어버리게 됐고 여행객들의 발길이 끊긴 후에도 여행객들의 달콤한 먹이만 기다리다가 굶어 죽은 겁니다'* 갈매기는 물고기, 게, 새우, 조개와 같은 먹이를 먹고 살아야 갈매기답게 사는 것입니다. 그걸 과자와 사탕과 같은 일시적인 유혹에 팔아 버린 것입니다.

맨해튼은 세계적인 도시 뉴욕에서 가장 중심가입니다. 원래 이곳은 인디언의 땅이었는데, 네덜란드에서 피난 온 이주민들이 인디언들에게 정식으로 산 땅이라고 합니다. 그런데 땅값으로 치른 것은 겨우 양주 한 병이었다고 합니다. 당시에는 쓸모없는 자갈밭이어서 양주 한 병에 쓸모없이 버려진 땅을 잘 팔았다고 여겼답니다. 망령된 사람들이 아닐 수 없죠. 당연히 정상적인 거래가 아니었던 겁니다.

미국의 49번째 주가 된 알래스카는 미국의 주들 중에서도 가장 넓은 주인데, 본래는 러시아의 영토였던 것을 1867년에 미국이 720만 달러에 샀다고 하죠. 당시 러시아는 재정난에 시달리고 있었고, 미국이 이를 이용해 저렴한 가격에 알래스카 매매가 이루어졌습니다. 그 후 이곳에서 금광이 발굴되었고, 석유와 천연가스 등의 자원도 발견되어 미국에 엄청난 경제적 이득을 가져다 주었죠. 후에 러시아가 땅을 치고 후회한 것은 두말할 필요가 없겠죠.

우리가 무엇을 귀하게 여기는가가 왜 그렇게 중요합니까? 그것은 우리가 모든 것을 손에 쥘 수 없기 때문입니다. 잃는 것이 있으면 얻는 것이 있고 얻는 것이 있으면 잃는 것이 있습니다. 그래서 우리는 무엇을 얻고 무엇을 잃을 것인가 선택해야 합니다. 그리고 이를 선택하려면 무엇을 더 귀하게 여기는가 하는 가치관이 분명해야 합니다. 적어도 야곱은 무엇이 정말 귀하고 가치 있는지 아는 사람이었습니다. 그는 다 잃어도 꼭 얻고자 하는 한 가지가 있었습니다. 그것이 바로 장자의 명분이었습니다. 그는 기회를 보고 또 보다가 팥죽 한 그릇에 장자의 명분을 얻었습니다. 그가 장자의 명분을 얻기 위해서 잃은 것은 고작 팥죽 한 그릇에 불과했습니다. 잃어도 그다지 아깝지 않은 것이었습니다. 그러나 후에 보면 그가 잃은 것은 팥죽 한 그릇만이 아니었습니다. 그는 안정된 삶을 잃었습니다.

27:41-46절을 보겠습니다. 에서가 야곱을 미워하여 동생을 죽이고자 다짐합니다. 그리고 이를 안 리브가는 야곱을 자기 오빠인 라반의 집으로 보냅니다. 44절에 보면 몇 날 동안 거하라고 말하는데 그 몇 날이 자그마치 20년이나 되었습니다. 야곱은 20년 동안 외삼촌 라반 밑에서, 두 부인과 두 첩 사이에서 많은 고생을 합니다. 아마도 많은 날들 동안 그는 고향을 그리워하고 어머니 리브가를 그리워했을 것입니다. 그리움에 사무쳐 잠 못 드는 날이 많았을 것입니다. 그가 장자권을 얻은 대가는 그렇게 가벼운 것이 아니었습니다. 그러나 결국 무엇을 얻었습니까? 하나님의 축복을 얻었습니다. 하나님의 구속 역사의 주인공이 되었습니다. 우리도 무엇을 얻고 무엇을 잃을 것인지를 바로 선택할 수 있어야 합니다.

우리에게는 어떤 명분이 있습니까? 신자의 명분이 있습니다. 그런데 어떤 자매님은 집 사서 알콩달콩 스위트 홈을 꾸리고자 무리하게 일을 하였습니다. 그래서 더 이상 말씀 공부하고 예배 참석할 시간이 없었습니다. 그렇게 신자의 명분을 버렸습니다. 팥죽 한 그릇보다야 값이 나가겠지만 그녀는 집을 얻고 신자의 명분을 잃었습니다. 3년 가까이 성경을 공부하던 어떤 형제님은 직장을 멀리 다른 도시의 외딴 곳에 얻어 신자의 명분을 직장과 바꾸었습니다. 그도 직장을 얻는 대신 신자의 명분을 잃었습니다. 이렇게 우리의 선택에 의해서 우리가 얻고 잃는 것이 가려집니다.

무엇을 택하시겠습니까? 신자의 명분입니까? 아니면 팥죽 한 그릇입니까? 영원한 축복입니까? 당장의 유익입니까? 죠엘 형제님이 저에게 굉장히 의미 있는 이야기를 한 가지 해 주었습니다. 예전에는 다른 일들을 먼저 하고 나서 말씀 공부하려니 시간이 없었는데 요즘은 하나님의 일을 먼저 하고자 말씀 공부 시간부터 비우니 다른 일들도 얼마든지 할 수 있다는 것입니다. 결국 무엇을 더 귀하게 여기느냐가 중요했던 것입니다.

저는 본국에서의 안정된 삶을 버리고 다만 믿음으로 갈 바를 알지 못하고 이 땅에 나아왔습니다. 그러나 하나님의 축복을 받는 것, 하나님의 구속 역사의 주인공이 되는 것이 절로 되지 않습니다. 우리 믿음의 조상들이 그랬듯 오랜 시간 수없이 많은 고난과 아픔을 감수해야만 합니다. 아브라함이 그랬듯 오랫동안 영적인 자녀 없는 아픔을 겪을 수도 있습니다. 야곱이 외삼촌 라반 밑에서 온갖 고생을 하고도 정당한 대가를 받지 못했듯 직장에서 충성하고도 속임 당하고 버림받을 수도 있습니다. 아브라함과 이삭이 그랬듯 흉년을 만나 먹고 사는 문제로 여러 날 고민해야 할 수도 있습니다. 사라가 그랬고 리브가가 그랬듯, 많은 날 낯설고 힘든 이방 땅에서 고향을 그리워하며 눈물을 삼켜야 할 수도 있습니다. 그래도 이 명분을 지켜야 할 것인가, 그래도 우리가 신자로서, 사역자로서 살 것인가 결단해야 합니다. 신자로서, 사역자로서의 명분을 얻고자 한다면 이미 안정된 삶을 살고자 하는 소원은 버려야 합니다. 이 결단이 없이는 결코 하나님의 구속 역사의 주인공이 될 수 없습니다. 그만한 대가를 치러도 될 만큼 값지고 귀한 것이 하나님의 구속 역사에 쓰임받는 것입니다. 하나님께서 우리에게 영적인 가치관을 주셔서 하늘이 두 쪽 나도 신자로서, 사역자로서의 명분을 지키고 많은 믿음의 열매, 사역의 열매를 맺어서 하나님의 구속 역사에 영적 거인들이 되게 하시기를 간절히 바라고 기도합니다.

네 번째 이야기

소망의 대가를 치르다
- 하란

우리는 할 수 있는 대로 인생을 쉽게 살기를 바랍니다. 복권에 당첨이라도 되어서 한 방에 인생 역전을 이루고 싶습니다. 어떻게 하면 인생을 좀 쉽게 살 수 있을까요? 그런 방법이 있다면 저에게도 좀 가르쳐 주십시오. 그러나 인생살이가 그렇게 만만치 않습니다. 누구는 인생은 고난의 연속이라 했습니다. 오늘 본문의 주인공 야곱은 후에 애굽의 바로 앞에서 다음과 같은 고백을 합니다. ***"야곱이 바로에게 아뢰되 내 나그네 길의 세월이 백삼십 년이니이다 내 나이가 얼마 못 되니 우리 조상의 나그네 길의 연조에 미치지 못하나 험악한 세월을 보내었나이다 하고" (창 47:9)***

본문 말씀은 그의 험악한 세월의 출발선입니다. 야곱은 그동안 아버지 이삭의 장막에 거하며 어머니 리브가의 사랑과 보호 속에 안정된 삶을 살았습니다. 그러나 이제부터는 자신의 인생을 살아야 했습니다.

아무리 험악한 세월이라고 해도 그것은 그에게 주어진, 그가 감당해야 할 세월이었습니다. 아버지 이삭도, 어머니 리브가도 함께 해 줄 수 없었습니다. 그러나 그 험악한 세월 동안 그는 결코 혼자가 아니었습니다. 그와 함께 하셨던 야곱의 하나님이 계셨기 때문입니다. 본문 말씀에서 야곱은 처음으로 하나님의 임재를 체험합니다. 그리고 이는 그가 20년간의 험한 나그네 생활을 감당할 수 있었던 원동력이었습니다.

우리는 이미 어떻게 야곱이 리브가의 도움을 받아 이삭의 축복을 에서에게서 가로채었는가 살펴보았습니다. 결국 하나님께서 태중에서부터 택하신 뜻대로 야곱이 축복을 받았습니다. 이제는 야곱이 축복을 받은 그 이후 이삭과 리브가, 그리고 에서와 야곱 각 사람의 반응이 어떠한지 살펴보고자 합니다.

첫째로, 리브가의 반응입니다.

27:46절입니다. ***"리브가가 이삭에게 이르되 내가 헷 사람의 딸들로 말미암아 내 삶이 싫어졌거늘 야곱이 만일 이 땅의 딸들 곧 그들과 같은 헷 사람의 딸들 중에서 아내를 맞이하면 내 삶이 내게 무슨 재미가 있으리이까"*** 리브가는 이미 야곱에게 외삼촌 라반의 집으로 피해 있도록 방향을 주었습니다. 그러나 이를 위해서는 명분이 필요했습니다. 리브가는 이때 믿음의 결혼이라는 카드를 들고 나왔습니다. 이미 에서가 헷 족속 여인들과 결혼하여 이삭과 리브가에게 근심거리가 되어 왔습니다. 그래서 야곱만큼은 믿음의 여인과 결혼시켜야 한다는 그녀의

주장은 매우 설득력 있고 합당한 것이었습니다. 그녀는 하나님의 뜻이 이루어짐과 동시에 야곱이 순리대로 하나님의 축복을 계승하도록 주도면밀하게 역사 환경을 예비하였습니다. 물론 남편 이삭과 또 다른 아들 에서를 속인 것에 대해서는 그녀도 값을 치릅니다. 사랑하는 자기 자식을 멀리, 그것도 20년씩이나 떠나보내는 아픔을 겪어야 했으니까요. 그럼에도 그녀는 먼저 하나님의 뜻을 앞세우고 야곱을 보호하는 성숙함을 보여 주었습니다. 과연 그녀는 천만인의 어미다웠습니다.

둘째로, 이삭의 반응입니다.

28:1-4절입니다. 이삭은 영적인 눈까지 어두워져 하나님의 뜻을 거스르고 에서를 축복하고자 했었습니다. 그러나 그는 하나님께서 친히 개입하셔서 하나님의 뜻대로 야곱이 축복받게 되는 것을 보고 영적 시력을 다시 회복하였습니다. 그는 자신을 속인 리브가와 야곱에게 감정적으로 반응할 수도 있었습니다. 그러나 그는 이것이 하나님께로부터 말미암은 것임을 깨닫고 자기 감정을 다스렸습니다. 그리고 리브가로부터 이삭의 결혼 문제에 대해서 듣자 야곱을 불러 리브가의 고향으로 가서 하나님을 믿는 믿음의 여인과 결혼하도록 방향을 주었습니다. 그는 믿음의 결혼에 있어서만큼은 분명한 가치관이 있었습니다. 자신도 아버지의 방향에 순종하여 얼굴도 모르고 리브가와 믿음의 결혼을 하였습니다. 그리고 야곱에게도 믿음의 결혼관을 가르쳤습니다. 뿐만 아니라 3-4절에는 이삭이 정식으로 야곱에게 하나님의 축복을 계승하는

내용이 나옵니다. ***"전능하신 하나님이 네게 복을 주시어 네가 생육하고 번성하게 하여 네가 여러 족속을 이루게 하시고 아브라함에게 허락하신 복을 네게 주시되 너와 너와 함께 네 자손에게도 주사 하나님이 아브라함에게 주신 땅 곧 네가 거류하는 땅을 네가 차지하게 하시기를 원하노라"*** 누구든 실수는 할 수 있습니다. 문제는 속히 자기 자리로 돌아오는 것입니다. 이삭은 영적 분별력을 잃고 에서를 축복하려고 하였지만 다시 제자리로 돌아와 야곱에게 축복을 잘 계승하였습니다. 역시 그는 순종의 사람이었습니다.

셋째로, 에서의 반응입니다.

6-9절입니다. 에서는 이삭이 어떻게 야곱을 축복하고 믿음의 결혼을 당부했는가, 그리고 야곱이 어떻게 이에 순종하여 먼 길을 떠났는가 보았습니다. 그리고 가나안 여인들이 아버지 이삭을 기쁘게 하지 못하는 것을 그제서야 뒤늦게 깨달았습니다. 그래서 그는 아버지 이삭을 기쁘게 하고자 이스마엘을 찾아가 그의 딸 중에서 아내를 취했습니다. 나중에 야곱을 보면 라헬을 아내로 얻기 위해 7년을 라반에게 봉사하겠다고 말합니다. 그런데 에서는 결혼도 별로 깊이 생각하지 않고 그냥 즉흥적으로 했습니다. 그리고 포인트가 무엇인지를 모르고 그저 흉내만 내었습니다. 믿음의 결혼의 포인트는 믿음이 있는 여인과 결혼하는 것이지 단지 가나안 여인이 아니면 되는 것이 아니었습니다. 무엇보다도 그가 이스마엘의 딸과 결혼한 동기는 아버지 이삭을 기쁘게

하기 위함이었습니다. 인간적으로는 그가 효자일 수 있으나 그는 영적인 가치관이 너무 없었습니다. 믿음의 결혼은 아버지를 기쁘게 하기 위해서 하는 것이 아니라 하나님을 기쁘게 하기 위해서 하는 것입니다. 또 하나님을 더 잘 섬기기 위해서 하는 것입니다. 그런데 그의 사고엔 하나님이 없고 오직 아버지 이삭만 있었습니다.

이제 마지막으로, 야곱의 반응을 살펴보겠습니다.

5절입니다. 그는 군소리 안 하고 아버지 이삭의 방향에 순종하였습니다. 7절에 보면 야곱이 부모님께 순종하여 밧단아람으로 간 것을 에서가 보았다고 했습니다. 야곱은 부모님의 방향에 단순하게 순종했습니다. 사실 이삭과 리브가의 믿음의 결혼의 방향은 하나님께서 주신 방향과 같았습니다. 그는 무엇이 영적으로 유익하고 해가 되는지 잘 알았습니다. 정든 집을 떠나 낯선 곳으로 가면 많은 예기치 못할 어려움들이 있을 것은 그도 충분히 짐작할 수 있었습니다. 그러나 그럼에도 그는 묵묵히 순종하였습니다. 야곱에게 많은 약점과 허물이 있었지만 그는 결정적일 때 믿음의 선택을 잘 하는 사람이었습니다.

순간의 선택이 평생을 좌우할 수 있습니다. 아무리 평소에 잘해도 한순간 잘못된 선택을 하면 축복의 길에서 멀어질 수 있습니다. 아무리 평소에 헤매도 한번 믿음의 선택을 잘 하면 하나님의 축복을 받을 수 있습니다. 우리도 야곱과 같이 결정적일 때 믿음의 선택을 하는 지혜로운 자들이 되어야 하겠습니다. 이를 위해서는 평소 깊이 있는 말씀 공부와 묵상을 통해 영적 가치관을 가져야 합니다.

하란

10절을 보겠습니다. ***"야곱이 브엘세바에서 떠나 하란으로 향하여 가더니"*** 이렇게 해서 그는 정든 고향을 떠나 처음으로 낯선 미지의 땅, 하란으로 향하게 되었습니다. 하란이 어디입니까? 창세기 11:31절에 보면, 데라가 아들 아브람과 며느리 사래와 하란의 아들인 손자 롯을 데리고 갈대아 인의 우르를 떠나 가나안 땅으로 가려다가 머물렀던 땅입니다. 데라는 거기서 죽고 아브람은 하나님의 부르심에 순종하여 하란을 떠나 가나안 땅으로 갑니다. 나머지 가족은 하란에 정착했겠죠. 그 하란으로 야곱이 향합니다.

그가 집을 떠나는 것에 대해 우리는 많은 의미를 부여할 수 있습니다. 그 중에서 가장 중요한 것 한 가지는 그가 이제껏 의지했던 대상, 곧 부모로부터 떠났다는 데에 있습니다. 우리 눈에 사람이 크게 보이면 상대적으로 하나님은 작아 보입니다. 사람을 의지하면 의지할수록 우리 눈에 하나님은 더 이상 보이지 않습니다. 야곱은 이제껏 아버지 이삭과 어머니 리브가를 전적으로 의지하며 살아왔기 때문에 하나님을 보지 못했습니다. 그저 어릴 적부터 할아버지 아브라함, 그리고 아버지 에서와 어머니 리브가로부터 들어서 막연하게 알고 있을 뿐이었습니다. 그러나 그가 부모의 품을 떠나면서 이제 그는 하나님을 알아가고 아브라함의 하나님, 이삭의 하나님을 나의 하나님, 곧 야곱의 하나님으로 만나게 되는 것입니다.

10절을 다시 보겠습니다. 그는 브엘세바에서 떠나 하란으로 향하여 갔습니다. 그리고 한 곳에 머물렀는데 그 곳 이름은 당시 루스 후에 벧엘이었습니다. 브엘세바에서 루스까지는 85-90km 정도 되는 거리였습니다. 보통 사람이 하루에 걸을 수 있는 거리는 대략 40km 정도 됩니다. 그렇다고 하면 야곱은 거의 마라톤 경주하듯이 뛰어왔다고 짐작해 볼 수 있습니다. 에서가 당장이라도 죽이려고 쫓아올지 모르니 죽지 않으려고 죽어라 뛰었을 것입니다.

11절을 보겠습니다. ***"한 곳에 이르러는 해가 진지라 거기서 유숙하려고 그 곳의 한 돌을 가져다가 베개로 삼고 거기 누워 자더니"*** 해는 이미 져서 어둡습니다. 어디 여관방도 없는 허허벌판에 덩그러니 혼자 밤을 지새게 되었습니다. 여러분, 혹시 야영해 본 적 있으십니까? 저는 군대 있을 때 훈련 중에 간혹 밖에서 별 보며 잔 적이 더러 있습니다. 그러면 누가 가장 먼저 생각나겠습니까? 예. 어머니가 생각나지요. 그러면 노래 한 소절이 절로 떠올려집니다. *"엄마가 보고플 땐 엄마 사진 꺼내 놓고 엄마 얼굴 보고 나면 눈물이 납니다~~~"* 어머니 품을 떠난 슬픔과 외로움이 몰려옵니다. 내 장래는 어떻게 될까 괜시리 불안해집니다. 돌베게하고 누워서 광활한 하늘을 바라보며 야곱은 슬픔과 외로움과 불안함으로 잠 못 이루었을 것입니다. 당장이라도 형 에서가 쫓아와서 머리 풀어 헤치고 말할 것 같았습니다. *'내 장자권 돌려줘' '내 축복 돌려줘'* 그래도 어찌나 한달음에 먼 길을 달려왔는지 그 와중에도 피곤을 이기지 못하고 잠이 들었습니다. 그리고 한 꿈을 꾸었습니다. 어떤 꿈이었습니까?

약속

12절을 보겠습니다. ***"꿈에 본즉 사닥다리가 땅 위에 서 있는데 그 꼭대기가 하늘에 닿았고 또 본즉 하나님의 사자들이 그 위에서 오르락 내리락 하고"*** 그는 꿈에 꼭대기가 하늘에까지 닿은 사닥다리를 보았습니다. 그리고 그 위에서 하나님의 사자들이 오르락내리락하는 것을 보았습니다. 사닥다리는 하나님과 교제할 수 있는 통로를 상징합니다. 그 통로로 하나님의 사자들은 마치 우편배달부와 같이 하나님과 인간 세상 사이를 오가며 부지런히 메신저 역할을 하고 있었습니다.

13-14절 말씀은 하나님께서 아브라함과 이삭에게 주셨던 동일한 약속의 말씀입니다. 땅을 기업으로 주시고 복의 근원으로 사용하시겠다는 말씀입니다. 그런데 15절 말씀은 특별히 야곱에게 주시는 말씀입니다.

하나님은 아브라함에게 그리고 이삭에게 말씀하실 때 약속의 말씀에 앞서 명령의 말씀을 주셨습니다. ***"너는 너의 고향과 친척과 아버지의 집을 떠나 내가 네게 보여줄 땅으로 가라" "애굽으로 내려가지 말고 내가 네게 지시하는 땅에 거주하라"*** 그런데 야곱에게는 아무 명령도 하지 않고 약속의 말씀만 주셨습니다. ***"내가 너와 함께 있어 네가 어디로 가든지 너를 지키며 너를 이끌어 이 땅으로 돌아오게 할지라 내가 네게 허락한 것을 다 이루기까지 너를 떠나지 아니하리라"*** 가만히 제가 말씀을 관찰해 보니 야곱에게 명령의 말씀은 하나님 대신 아버지 이삭이 했습니다. 2절입니다. ***"일어나 밧단아람으로 가서 네 외조부 브두엘의 집에 이르러 거기서 네 외삼촌 라반의 딸 중에서 아내를 맞이하라"*** 하나님은 이삭을 통해서 간접적으로 야곱에게 명령의 말씀을 주셨습니다.

아브라함은 믿음의 조상으로서 약속의 땅에 가는 것이 중요했습니다. 이삭은 축복을 계승한 자로서 약속의 땅에 거하는 것이 중요했습니다. 그런데 야곱에게는 라반의 딸 중에서 아내를 맞이하는 것이 왜 그렇게 중요했을까요? 이는 야곱을 통해서 이스라엘 열두 지파를 이루고자 하시는 하나님의 뜻이 있었기 때문이었습니다. 그런데 아브라함과 이삭이 하나님의 명령과 약속의 말씀을 직접 듣고 확신을 가지고 순종할 수 있었던 것과 달리 야곱은 아직 하나님의 음성을 듣지 못했습니다. 단지 아버지 이삭의 방향만 듣고 먼 길을 떠나왔습니다. 그런데 그 아버지 이삭은 지금 곁에 없습니다. 어머니 리브가도 없습니다. 그래서 그는 마음이 너무도 불안하고 조마조마했습니다. 아직 그에게 하나님은 관념 속에 있는 하나님이셨습니다. 할아버지, 아버지에게서 전해 들은 이야기 속의 하나님이셨습니다. 그래서 하나님은 꿈에 그에게 임재하셔서 직접 약속의 말씀을 주셨습니다. ***"내가 너와 함께 있어 네가 어디로 가든지 너를 지키며 너를 이끌어 이 땅으로 돌아오게 할지라 내가 네게 허락한 것을 다 이루기까지 너를 떠나지 아니하리라 하신지라"*** 하나님의 약속의 말씀은 3가지였습니다.

첫째로, 내가 너와 함께 있어.

현재 야곱을 가장 두렵게 하는 것은 혼자라는 것이었습니다. 그는 태어나서 처음으로 혼자가 되었습니다. 저도 이런 경험이 있습니다. 지난 2002년 4월 9일 낯선 코스타리카 땅을 밟았습니다. 당장에 거할 작은 아파트는 구했지만 한국과 지구 반대편에 철저히 혼자 남겨졌습니다. 그때 하나님께서 여호수아 1:5절 말씀으로 임하셨습니다. ***"너의 평생에 너를 능히 당할 자 없으리니 내가 모세와 함께 있던 것같이 너와 함께 있을 것임이라 내가 너를 떠나지 아니하며 버리지 아니하리니"*** 이후 낯선 땅에서 귀머거리 훈련, 벙어리 훈련을 톡톡히 받으며 외로움과 고독과 싸워야 했지만 하나님께서 주신 약속의 말씀을 붙들고 감당할 수 있었습니다. 비록 야곱이 인간적으로는 혼자가 되었지만 하나님은 그를 고아와 같이 내버려두지 않으셨습니다. 현재적으로 늘 야곱과 함께 계신다고 말씀하십니다.

둘째로, 네가 어디로 가든지 너를 지키며.

아브라함이 애굽으로 내려갈 때, 이삭이 그랄에 거하고자 할 때 그들은 두려움으로 아내를 누이라 속였습니다. 그러나 그들이 어디에 있든지 하나님께서 그들을 지키시고 보호해 주셨습니다. 낯선 땅으로 향하는 야곱도 그 옛날 할아버지 아브라함처럼, 또 아버지 이삭처럼 두렵고 갑갑했을 것입니다. 그러나 하나님께서 친히 보호자가 되셔서 어디로 가든지 지켜 주실 것이라 약속하십니다.

셋째로, 너를 이끌어 이 땅으로 돌아오게 할지라.

현재 야곱이 가장 바라는 것이 있다면 그것은 무사히 다시 집으로 돌아오는 것입니다. 그러나 그는 한치 앞도 내다볼 수 없었습니다. 당장 먹고사는 문제부터 걱정해야 했습니다. 이런 그에게 하나님께서 친히 인도자가 되셔서 집으로 다시 돌아오게 해 주시겠다는 약속입니다. ***'내가 네게 허락한 것을 다 이루기까지 너를 떠나지 아니하리라'*** 하신 말씀은 하나님의 강력한 의지의 표현입니다. 그러므로 이 하나님을 믿고 현재 일도 장래 일도 다만 하나님께 맡기기만 하면 되었습니다.

그러면 잠을 깬 야곱의 반응은 어떠했습니까? 16,17절을 보겠습니다. ***"여호와께서 과연 여기 계시거늘 내가 알지 못하였도다 이에 두려워하여 가로되 두렵도다 이 곳이여 다른 것이 아니라 이는 하나님의 전이요 이는 하늘의 문이로다 하고"*** 그는 처음으로 자신과 함께하시는 하나님에 대하여 인식하게 되었습니다. 그에게 있어 하나님의 전, 하늘의 문은 아버지 이삭의 집이었습니다. 그런데 아버지 집을 떠나 낯선 벌판에서 그는 하나님의 임재를 체험했습니다. 그리고 하나님께 대한 경외심을 갖게 되었습니다. 어느 곳이든 하나님께서 사다리를 내리시는 곳은 하나님의 전, 하늘의 문이 될 수 있습니다. 우리에게 '여기'는 어디가 될 수 있습니까? 우리가 교회에서만 하나님의 임재를 체험할 수 있는 것이 아닙니다. 가정에서도, 직장에서도, 학교에서도 하나님은 우리와 함께하시고 우리에게 말씀하십니다. 문제는 야곱처럼 우리가 이를 잘 알지 못한다는 데 있습니다. 이제라도 우리가 잘 알아야 하겠습니다. 우리가 거하는 어느 곳이든 그곳에 하나님이 임재하실 수 있고 하나님이 우리에게 말씀하실 수 있습니다.

서원

그러면 하나님의 임재를 체험한 후 야곱이 구체적으로 한 일이 무엇입니까? 돌기둥을 세우고 그 위에 기름을 부었습니다. 그곳의 이름을 '하나님의 집'이라는 뜻의 벧엘로 명명하였습니다. 그리고 하나님께 서원하였습니다. 이 서원 기도가 중요합니다. 그 내용이 무엇입니까? 20-22절 말씀을 보겠습니다. ***"야곱이 서원하여 이르되 하나님이 나와 함께 계셔서 내가 가는 이 길에서 나를 지키시고 먹을 떡과 입을 옷을 주시어 내가 평안히 아버지 집으로 돌아가게 하시오면 여호와께서 나의 하나님이 되실 것이요 내가 기둥으로 세운 이 돌이 하나님의 집이 될 것이요 하나님께서 내게 주신 모든 것에서 십분의 일을 내가 반드시 하나님께 드리겠나이다 하였더라"***

사실 그의 서원 기도의 내용은 하나님께서 꿈에 약속하신 내용과 크게 다르지 않습니다. 먹을 떡과 입을 옷을 달라는 내용이 추가되었을 뿐입니다. 다시 말하면 그는 아브라함과 이삭처럼 하나님의 약속을 단순히 믿고 영접하기에는 너무 인간적이었습니다. 그래서 자기도 이러이러하게 하나님의 은혜에 보답하겠다는 서원을 한 것입니다. 그에게 현재 그의 생존과 안정의 문제는 그만큼이나 절박했습니다. 그러나 이 서원 기도는 인간적인 그가 하나님을 기억하고 하나님을 섬길 수 있었던 기초가 되었습니다. 무엇보다도 그의 서원대로 하나님은 그의 하나님, 곧 야곱의 하나님이 되어 주셨습니다.

21절을 보겠습니다. ***"내가 평안히 아버지 집으로 돌아가게 하시오면 여호와께서 나의 하나님이 되실 것이요"*** 그에게 하나님은 다만 아브라함의 하나님, 이삭의 하나님이었습니다. 그런데 그에게 닥친 현실 문제를 통하여 나의 하나님을 만나길 간절히 소원하였습니다. 이것이 중요합니다. 우리는 하나님을 관념적으로 알고 있을 때가 많습니다. 성경 속의 하나님, 역사 속의 하나님으로 알고 섬길 때가 많습니다. 그러나 하나님은 나의 하나님이 되어 주시기를 원하십니다. 그리고 문제 속에서 우리가 나의 하나님을 만나고 체험하기를 원하십니다.

제가 대학교 3학년 때 신앙생활 출발하고 1년이 채 안 되어서 아버지가 뇌출혈로 쓰러지시는 사건이 있었습니다. 그때 하나님께 서원기도하였습니다. ***"아버지 목숨만 살려 주시면 평생을 선교사로 헌신하겠습니다."*** 하나님은 기적과 같이 아버지를 살려주셨습니다. 그리고 나의 하나님이 되어 주셨습니다. 그 서원 때문에 오늘 제가 이 축복의 자리에 있습니다. 여러분에게 하나님은 누구의 하나님입니까? 우리 각자가 인생에서 만나는 많은 문제들을 통해서 나의 하나님을 만나고 체험할 수 있길 간절히 기도합니다.

다섯 번째 이야기

소망의 장벽을 만나다
- 라반

인생을 살다 보면 때로 뭐 하나 싶게 시간이 흘러가는 경우가 있습니다. 어 하다 보면 환갑 되고 어 하다 보면 하나님의 부르심 받을 때가 옵니다. 그래서 성경은 ***"인생이 무엇이뇨 잠깐 보이다 사라지는 안개니라"*** 말씀합니다. 본문 말씀에 보면 야곱은 외삼촌 라반의 집에서 뭐 하는지 모르게 20년을 보냅니다. 14년을 라헬을 아내로 얻기 위해 봉사하고 그 후 6년을 더 일했습니다. 이 기간은 어찌 보면 괜히 고생만 하다 만 것 같은 무의미한 기간으로 보입니다. 그러나 그렇지 않습니다. 이 기간 동안 하나님은 아주 중요한 두 가지 일을 하셨습니다. 야곱이 밧단 아람에 있던 동안 하나님이 하신 일이 무엇이었을까요?

야곱이 어떤 사람이었습니까? 자기가 한번 뜻한 일은 무슨 수를 써서라도 반드시 이루어 내고야 마는 의지의 사나이였습니다. 그러나 그의 인간적인 의지는 그가 하나님의 사람으로 성장하는 데에 있어서 도리어 큰 걸림돌이었습니다. 그래서 하나님은 외삼촌 라반의 집을 야곱을 위한 훈련의 장으로 삼고자 하셨습니다. 하나님은 그를 훈련하시고자 사람 막대기를 예비하셨습니다. 막대기가 왜 필요하죠? 때리는 게 목적이 아닙니다. 훈련하고자 하는 것입니다. 외삼촌 라반과 두 아내 레아와 라헬이 바로 야곱을 훈련하기 위한 사람 막대기였습니다. 그러면 여기서 우리가 라반과 그리고 레아와 라헬이 각각 어떤 점에서 야곱을 위한 사람 막대기였는지 생각해 볼 필요가 있습니다. 먼저 외삼촌 라반은 어떤 사람이었습니까?

첫째로, 거짓과 속임수의 달인.

1절에서 12절까지 말씀은 야곱이 어떻게 라반의 딸 라헬을 만났는가에 관한 기록입니다. 그리고 13, 14절에서 드디어 야곱이 외삼촌 라반을 만납니다. 야곱은 한 달 동안 외삼촌 라반과 함께 지냈습니다. 한 달이면 대략 그 사람이 어떤 사람인가 파악할 수 있습니다. 그래서 보통 한 달 정도 수습 기간을 거치고 나면 이 사람이 계속해서 성실하게 일할 만한 사람인가 아닌가 판별이 됩니다. 야곱과 한 달을 보내고 나서 라반은 야곱을 보며 매우 흡족했습니다. 그리고 할 수 있는 대로 오랫동안 데리고 일하고자 생각했습니다. 그런데 문제는 그가 속임수를 썼다는 것입니다. 25절을 보십시오. ***"외삼촌이 나를 속이심은 어찌 됨이니이까"*** 무슨 일이 있었길래 야곱이 이런 항변을 하는 것입니까? 야곱은 시력이 좋지 않은 레아보다 곱고 아리따운 라헬을 사랑했습니다.

그래서 라반이 품삯을 말하라고 했을 때 라헬을 위해 7년을 봉사하겠다고 했습니다. 야곱은 자기 노력과 의지로 무엇이든 쟁취할 수 있다고 믿는 사람이었습니다. 그는 라헬을 너무 사랑하여 7년을 수일 같이 여겼습니다.

사랑하는 여인과의 결혼도 그는 7년간 라반을 위해 일함으로 드디어 성취하는 듯했습니다. 그는 7년을 채우고 의기양양하게 라반에게 말했습니다 ***"내 기한이 찼으니 내 아내를 내게 주소서 내가 그에게 들어가겠나이다"*** 성대하게 잔치하고 첫날밤을 보냈습니다. 그런데 이게 어찌 된 일입니까? 일어나 눈을 떠 보니 옆에 라헬이 아니라 레아가 누워 있는 게 아닙니까? 23절에 보면 라반이 라헬이 아니라 레아를 야곱에게로 데려갔다고 기록하고 있습니다. 그래서 지금 야곱이 라반에게 항변하고 있는 것입니다. ***"외삼촌이 나를 속이심은 어찌 됨이니이까"*** 우리가 이 야곱의 항변을 들으면서 누가 떠올려집니까? 야곱의 형 에서가 생각나지요. 27:36절입니다. ***"에서가 이르되 그의 이름을 야곱이라 함이 합당하지 아니하니이까 그가 나를 속임이 이것이 두 번째니이다 전에는 나의 장자의 명분을 빼앗고 이제는 내 복을 빼앗았나이다"*** 지금 야곱이 라반에게 속임당하는 것은 그가 뿌린 대로 거두는 것입니다. 그가 에서를 속였듯 라반에게 지금 속임당하는 것입니다. 그래서 뿌린 대로 거둔다는 말은 진리입니다. 사람은 누구나 반드시 뿌린 대로 거둡니다. 진실을 심으면 진실의 열매를 거두고, 거짓을 심으면 거짓의 열매를 거두게 되어 있습니다. 야곱은 거짓과 속임수의 달인 라반에게 이용당하며 뼈저리게 이를 체험해야 했습니다.

둘째로, 딸들까지도 거래 도구로 삼는 무정한 사람.

라반은 자신의 유익을 얻기 위해 딸들까지도 이용하였습니다. 그는 야곱이 라헬을 사랑하는 것을 잘 알았습니다. 그래서 레아를 라헬인 것처럼 속여서 사기 결혼을 시킨 다음 다시 라헬을 아내로 얻기 위해서 7년을 더 봉사하도록 야곱을 몰아세웠습니다. 야곱은 라헬을 사랑했기 때문에 하는 수 없이 라헬을 아내로 얻기 위해 7년을 더 봉사했습니다. 라반은 야곱이 계속해서 자신을 섬기도록 딸들을 이용하였습니다. 그것도 딸들의 인생에 있어서 가장 중대하고 소중한 결혼을 미끼로 삼았습니다. 그가 얼마나 딸들에게 무정한 아버지였는지 레아와 라헬의 고백을 통해서 알 수 있습니다. 31:14-16절입니다. ***"라헬과 레아가 그에게 대답하여 이르되 우리가 우리 아버지 집에서 무슨 분깃이나 유산이 있으리요 아버지가 우리를 팔고 우리의 돈을 다 먹어버렸으니 아버지가 우리를 외국인처럼 여기는 것이 아닌가 하나님이 우리 아버지에게서 취하여 가신 재물은 우리와 우리 자식의 것이니 이제 하나님이 당신에게 이르신 일을 다 준행하라"*** 아버지가 자신들을 팔고 자신들의 돈을 다 먹어 버렸다고 했습니다. 세상에 아무리 무정한 아버지도 자기 자식은 사랑할 줄 압니다. 그런데 라반은 자기 자식들을 이용해서 자기 배를 채우는 사람이었습니다. 야곱은 형 에서가 배고픈 틈을 타 팥죽 한 그릇을 이용하여 장자권을 샀습니다. 결국 형 에서의 눈에서 피눈물 나게 만들었습니다. 그래서 그는 20년 후에 집으로 돌아가면서도 형이 보복할 것에 대한 두려움으로 벌벌 떨었습니다. 그는 무정한 라반을 보며 무정했던 자신을 발견하였을 것입니다.

셋째로, 목적을 위해서는 수단과 방법을 가리지 않는 사람.

30:35,36절입니다. ***"그 날에 그가 숫염소 중 얼룩무늬 있는 것과 점 있는 것을 가리고 암염소 중 흰 바탕에 아롱진 것과 점 있는 것을 가리고 양 중의 검은 것들을 가려 자기 아들들의 손에 맡기고 자기와 야곱의 사이를 사흘 길이 뜨게 하였고 야곱은 라반의 남은 양 떼를 치니라"*** 야곱은 자기 품삯으로 양과 염소 중 아롱진 것, 점 있는 것 그리고 검은 것을 택했습니다. 그러자 라반은 아롱지고 점 있고 검은 양이나 염소는 죄다 사흘 길 떨어진 곳에 옮겨 놓았습니다. 이렇듯 라반은 자기 유익을 이루기 위해서는 수단과 방법을 가리지 않았습니다. 그러나 목적이 수단을 정당화할 수 없습니다. 야곱은 장자권을 귀하게 여기는 영적 가치관이 있었습니다. 그래서 이를 얻기 위해 에서가 배고파 제정신이 아닐 때에 팥죽 한 그릇에 장자의 명분을 샀습니다. 장자의 명분이 귀하긴 하지만 이는 함부로 돈 주고 사고 바꾸고 할 수 있는 것이 아닙니다. 또한 그는 아버지 이삭을 속이고 에서가 받을 축복을 가로채었습니다. 그는 목적을 위해서 수단과 방법을 가리지 않았습니다. 그러나 이제 같은 족속, 아니 그보다 한 수 더 위인 라반으로부터 똑같이 당합니다. 그러면서 그는 조금씩 인간적인 사람에서 영적인 사람으로

성결의 과정을 밟아 나갑니다.

야곱을 훈련하기 위한 사람 막대기는 비단 라반뿐만이 아니었습니다. 레아와 라헬도 그를 훈련하는 데 아주 유익한 사람 막대기였습니다. 레아와 라헬은 각각 어떤 사람이었습니까? 그리고 어떤 인생 문제를 가지고 있었습니까?

첫째로, 레아에 대해서 생각해 보겠습니다.

그녀는 시력이 좋지 않았습니다. 눈은 흔히 마음의 창이라고 합니다. 사람을 처음 만나면 가장 먼저 보는 것이 바로 눈입니다. 그런데 그녀는 시력이 좋지 않아 늘 인상을 찌푸리며 다녔습니다. 그녀를 쳐다보고 있으면 보고 있는 사람도 같이 인상이 찌푸려졌습니다. 당시에는 안경이나 렌즈도 없었습니다. 성형 수술도 할 수 없었습니다. 그래서 이는 늘 그녀의 콤플렉스가 되었습니다. 거기다 그녀는 인생의 한 번뿐인 결혼을, 자신의 의사와는 상관도 없이 아버지 라반에 떠밀려 자신을 사랑하지도 않는 사람과 했습니다. 그녀는 아버지에게도 사랑받지 못했고, 남편에게도 사랑받지 못했습니다. 아버지에게 못 받은 사랑을 남편에게라도 받아야 하는데, 그녀는 그러지 못했습니다. 그녀의 인생 문제는 사랑받지 못하는 것이었습니다. 그녀는 어찌든 남편의 사랑을 받아보려고 몸부림쳤습니다. 그런데도 번번이 무시당했습니다. 이런 그녀를 누가 보셨습니까? 하나님께서 보셨습니다.

하나님께서 그녀에게 총이 없음을 보시고 그의 태를 여셨습니다.

처음에 그녀의 관심은 남편의 사랑에 있었습니다. 그래서 아들을 낳을 때마다 남편이 자기를 사랑해 줄 거라 기대했습니다. ***'이제는 내 남편이 나를 사랑하리로다' '내 남편이 지금부터 나와 연합하리로다'*** 그러나 네 번째 아들을 낳고는 말합니다. ***'내가 이제는 여호와를 찬송하리로다'*** 그 아들이 바로 유다였고 후에 그의 자손 중에 예수님이 탄생하십니다. 그러나 그녀의 남편 사랑에 대한 기대와 집착은 쉬이 꺾이지 않습니다. 조용히 하나님을 바라보고 살고자 하는데, 동생 라헬이 여종 빌하를 통해서 아들 둘을 낳으니 레아도 이에 질세라 여종 실바를 통해서 두 아들을 낳습니다. 그리고 첫 아들 르우벤이 구해 온 합환채로 남편을 하룻밤 사서 다섯째 아들을 낳고 곧이어 여섯째 아들까지 낳습니다. 합환채는 임신을 돕는 효능이 있다고 알려진 식물입니다. 그걸 라헬에게 주고 야곱과 동침할 권리를 산 셈이죠. 아직도 남편 사랑에 대한 기대와 소망을 못 버리고 말합니다. ***'내가 남편에게 여섯 아들을 낳았으니 이제는 그가 나와 함께 거하리라'***

끝내 남편의 사랑은 못 받았지만 그러나 그녀는 하나님의 구속 역사 편에서 볼 때 남편의 사랑을 많이 받은 라헬보다 더 귀하게 쓰임받았습니다. 먼저 그녀는 라헬이 두 아들, 두 여종 실바와 빌하가 각각 두 아들을 낳을 동안 여섯 아들을 낳아서 이스라엘 열두 지파의 반을 이루게 되었습니다. 그 중 유다는 그 자손 가운데 메시아가 탄생하는 축복을 입었습니다. 그리고 한 가지 재미있는 것은 아브라함과 사라, 이삭과 리브가가 묻힌 막벨라 굴에 라헬 대신 레아가 묻혔다는 것입니다.

둘째로, 라헬에 대해서 생각해 보겠습니다.

먼저 라헬은 곱고 아리따웠습니다. 그녀는 사라와 리브가의 뒤를 잇는 빼어난 미모의 소유자였습니다. 야곱은 라헬을 위해서 7년을 라반에게 봉사할 것을 약속하고 실제로는 14년을 봉사했습니다. 그리고 7년을 수일 같이 여겼습니다. 그만큼 라헬을 사랑했습니다. 라헬이 죽고 나서도 야곱은 라헬이 낳은 요셉을 특별히 사랑했습니다. 여자가 이만큼 남편의 사랑을 받으면 얼마나 행복하겠습니까? 그러나 그녀에게도 한 가지 심각한 인생 문제가 있었으니, 그것은 아이를 못 낳는 것이었습니다. 미모뿐 아니라 애 못 낳는 것까지 사라와 리브가와 꼭 닮았습니다. 그런데 라헬은 이 문제 앞에 어떻게 반응합니까? 30:1절입니다. 언니를 시기하고 야곱에게는 말도 안 되는 투정을 부렸습니다.

"내게 자식을 낳게 하라 그렇지 아니하면 내가 죽겠노라"

이런 라헬을 보면 그녀와 아주 대조되는 성경 속 인물이 떠올려집니다. 바로 사무엘의 어머니 한나입니다. 그녀의 남편 엘가나는 두 아내가 있었으니 하나는 브닌나요 다른 하나가 한나였습니다. 그런데 브닌나는 자식이 있었고 한나는 자식이 없었습니다. 브닌나는 남편의 사랑을 독차지하는 한나를 미워했습니다. 그래서 자식 없는 한나를 격분시켜 괴롭게 하였습니다. 그녀들도 한 남편을 사이에 두고 레아와 라헬의 경우와 비슷한 처지에서 살았습니다. 또 한나는 라헬처럼 남편의 사랑을 받았지만 자식이 없는 것도 같았습니다. 그러나 한나의 반응은 라헬과는 판이하게 달랐습니다. 그녀는 억울한 심정을 오로지 하나님께 털어 놓았습니다. 그리고 하나님께 서원하고 다시는 얼굴에 근심 빛이 없었습니다. 그러나 라헬은 어떠합니까? 애꿎은 야곱을 붙들고 화풀이를 하고 인간적인 싸움을 했습니다.

아무리 사랑하는 라헬이지만 야곱도 이 말에는 화가 났습니다. ***"그대를 임신하지 못하게 하시는 이는 하나님이시니 내가 하나님을 대신하겠느냐"*** 야곱의 말대로 이는 야곱에게 따질 문제가 아니라 하나님과 해결할 문제였습니다. 라헬은 여종 빌하를 통해서 두 아들을 낳고 언니와 경쟁해서 이겼다고 좋아했습니다. 라헬은 욕심이 많아서 누구한테 지고는 못 살았습니다. 거기다 소유욕도 강해 레아의 장자 르우벤이 합환채를 레아에게 주었더니 그것에도 시기심이 발동해서 남편을 빌미로 합환채를 샀습니다. 앞서 언급한 바와 같이 합환채는 임신을 돕는 효능이 있는 식물입니다. 그만큼 임신이 간절했던 거죠. 그러는 중에 야곱의 말을 귀담아들었는지 하나님께 임신하지 못하는 문제를 들고 나아간 것 같습니다. 하나님이 라헬을 기억하시고 그녀의 기도를 들으셨습니다. 그리고 하나님이 태를 여셔서 드디어 임신하고 아들을 낳았습니다.

이처럼 라반과 레아와 그리고 라헬은 하나님이 야곱을 연단하시기 위해 쓰신 사람 막대기들이었습니다. 이들 셋은 하나같이 목표 지향적인 사람들이었습니다. 웬만해선 만족하지 않고 하나라도 더 움켜쥐고자 애쓰던 인간성이 강한 사람들이었습니다. 야곱은 각자 자기 원하는 것을 이루고자 몸부림치는 이들 사이에서 처가살이하며 자존심이 다

짓밟혔을 것입니다. 자기 맘대로 할 수 있는 일이 하나도 없었습니다. 잠자리도 레아와 라헬이 정해 주는 대로 움직였습니다. 심지어 자식 이름 한 번 지어 본 일이 없었습니다. 그러는 중에 야곱의 강한 인간성이 깨어지고 조금씩 변화되어 갑니다. 그리고 결국 하나님 앞에 울며 축복을 구하는 자리로까지 나아가게 됩니다. 야곱 편에서는 억울하고 한 많은 처가살이였지만 하나님은 인내심을 가지고 그의 강한 인간성부터 차근차근 깨시고 조금씩 영적인 사람으로 빚어 가고 계셨습니다.

우리 주위에 나를 힘들게 하는 사람이 혹시 있습니까? 내 뜻대로 안 되는 사람이 혹시 있습니까? 그 사람은 바로 하나님이 나를 훈련하시기 위해 붙여 놓으신 사람 막대기입니다. 남편이 될 수도 있고, 아내가 될 수도 있고, 자녀가 될 수도 있고, 직장 상사가 될 수도 있고, 교수나 친구가 될 수도 있습니다. 내가 하도 변화되지 않고 하나님 앞에 무릎 꿇지 않으니까 하나님이 나를 변화시키기 위해서 나를 깨뜨리시는 도구로 사용하시는 것입니다. 그러면 우리가 어떡해야 하겠습니까? 그래도 내 자존심 붙들고 내 인간적인 야심과 이기적인 목표를 붙들고 살아야 하겠습니까? 속히 하나님께 무릎 꿇어야 합니다. 20년까지 걸릴 필요 없습니다. 지금 깨닫고 더 두들겨 맞기 전에 '하나님이 축복해 주시지 않으면 안 됩니다' 고백해야 합니다. 하나님께서 어떤 모양으로든지 우리 각 사람을 우리 인생 가운데서 훈련하십니다. 이때 우리가 내가 뭐 하며 사나 한탄할 것이 아니라 하나님의 훈련을 잘 받고 하나님께 쓰임받을 만한 영적인 사람으로 변화받아야 합니다.

밧단 아람에서의 20년 동안 하나님의 계획은 크게 두 가지라고 볼 수 있습니다. 하나는 야곱을 훈련하시고 야곱의 서원 기도대로 그를 고향 집으로 인도하사 야곱의 하나님이 되시는 것입니다. 다른 하나는 장차 이스라엘 열두 지파를 이룰 아들들을 야곱에게 허락해 주시는 것입니다.

라헬이 요셉을 낳고 나자 야곱은 드디어 자기 고향으로 돌아갈 생각을 합니다. 그리고 자기 집을 세울 생각을 합니다. 야곱은 꿈에 본 계시대로 양과 염소 중에 아롱진 것, 점 없는 것, 검은 것을 자신의 품삯으로 요구했습니다. 라반은 한 번 더 야곱을 속여 먹을 생각을 하고 미리 이런 양과 염소들을 다 사흘 길 떨어진 곳으로 빼돌리지만 하나님은 후에 야곱의 고백대로 라반의 짐승을 빼앗아 야곱에게 주셨습니다. 31:5절에 보면, 야곱이 아내들 앞에 고백하기를 *'내 아버지의 하나님은 나와 함께 계셨느니라'* 말합니다. 또 12절을 보면, 하나님께서 라반이 야곱에게 행한 모든 것을 보셨다고 말씀합니다. 그리고 42절에는 하나님께서 그의 고난과 그의 손의 수고를 보셨다고 야곱이 고백합니다. 본문이 굉장히 길어서 생각할 게 많은 것 같지만 중요한 것은 이겁니다.

우리가 야곱이 낮에는 더위를 무릅쓰고 밤에는 추위를 당하며 눈 붙일 겨를도 없이 성실하게 일한 것에 은혜받을 수도 있습니다. 외삼촌이 품삯을 열 번이나 바꾸었어도 끝까지 자기 일에 최선을 다했다 뭐 이런 것에 은혜 받을 수도 있습니다. 그러나 그렇게 공부하고 끝나면 성경 공부 잘못한 것입니다. 성경 공부 안 해도 야곱처럼 자기가 맡은 일에 성실하고 책임을 다하는 사람은 얼마든지 있을 수 있습니다. 중요한 것은 그 가운데 계신 하나님을 발견하는 것입니다.

31:1,2절을 보면 야곱이 거부가 되자 라반의 아들들이 야곱을 시기하고 라반의 안색도 전 같지 않습니다. 그때 하나님께서 말씀하십니다. ***"네 조상의 땅, 네 족속에게로 돌아가라 내가 너와 함께 있으리라"*** 무슨 말씀이 생각납니까? 28:15절입니다. ***"내가 너와 함께 있어 네가 어디로 가든지 너를 지키며 너를 이끌어 이 땅으로 돌아오게 할지라 내가 네게 허락한 것을 다 이루기까지 너를 떠나지 아니하리라 하신지라"*** 하나님은 아버지 집을 떠나 루스에서 하룻밤을 머물던 야곱에게 꿈에 나타나셔서 이 약속의 말씀을 주셨습니다. 이 약속의 말씀대로 하나님은 그와 20년 동안 함께 계셨습니다. 그가 간 곳에서 그를 지켜 주셨고 이제 그를 이끌어 고향으로 돌아가게 하십니다. 이게 야곱이 20년 동안 밧단아람에서 체험한 한 가지입니다. 하나님이 그와 함께해 주셨습니다. 이제 고향으로 돌아가는 길도 누가 함께하십니까? 하나님이 함께하십니다. ***"내가 너와 함께 있으리라"***

우리가 오늘 깨달아야 할 것은 바로 이것입니다. 우리가 머물고 있는 이 자리, 우리가 지나가고 있는 이 자리에 누가 우리와 함께 계십니까? 하나님이 함께 계십니다. 함께 계시면서 하나님께서 나를 쓰실 만한 사람으로 훈련하십니다. 아무리 괜한 인생의 짐을 지고 고달프게 사는 것 같아도, 아무리 우리가 못마땅한 사람들 속에서 의미 없는 고통을 당하며 사는 것 같더라도 그 속에서 하나님이 나와 함께 계시며 하시는 일이 있습니다. 야곱이 하나님이 열두 지파 이룰 아들들 주시는지 알았겠습니까? 몰랐습니다. 그냥 아내들 등쌀에 시달려 괜한 고생하는 줄 알았을 것입니다. 왜 그렇게 남도 아니고 혈육인 외삼촌 라반에게 속임 당하며 오랜 기간 고생해야 했는지 알았겠습니까? 몰랐겠지요.

내 모든 인생 길을 주관하시는 분이 하나님이신 줄 우리가 알 때 다른 사람과 사소한 감정 싸움하며 시간을 낭비하고 마음 상할 이유가 없습니다. 하나님이 하시는 일도 두 가지, 내가 해야 할 일도 두 가지입니다. 하나님이 나를 쓰시기 위해서 훈련하시고 하나님이 나에게 주신 약속의 말씀대로 성취해 나가십니다. 내가 할 일은 남이야 어찌 살든 하나님이 나에게 주시는 훈련 잘 받고 하나님께서 주신 약속의 말씀 굳게 믿고 앞으로 전진해 나가면 되는 것입니다. 우리 각 사람이 약속의 말씀 굳게 붙들고 하나님이 주시는 훈련 잘 받아서 하나님의 택하신 뜻대로 귀하게 쓰임 받을 수 있길 간절히 바라고 기도합니다.

여섯 번째 이야기

소망의 걸림돌과 마주하다 - 에서

세상에서 제일 어려운 일이 무엇이라고 생각하십니까? 좋은 대학에 들어가는 것도 어렵고 돈 많이 버는 것도 어렵습니다. 결혼 잘 하는 것도 쉬운 일이 아닙니다. 자식 잘 키우는 것도 어렵지요. 그러나 아마도 사람을 변화시키는 일처럼 어려운 일도 없을 것입니다. 한국말 속담에 세 살 버릇이 여든까지 간다는 말이 있습니다. 그만큼 한 번 형성된 사람의 성격이나 이미지를 바꾸는 일이 힘이 듭니다. 외모는 성형 수술하면 됩니다. 그러나 성격이나 이미지는 성형 수술할 수도 없습니다. 본문 말씀에 보면 하나님은 야곱의 고질적인 문제를 고치시기 위해 그냥 아예 허벅지 관절을 쳐 버리셨습니다. 그렇게밖에 그를 변화시킬 수 있는 방법이 없었던 것입니다. 그리고 그에게 다시는 야곱이라 불리지 않을 것이라 하시고 이스라엘이라는 새 이름을 주십니다. 우리에게는 어떤 변하지 않는 고질적인 문제가 있습니까? 말씀을 통해서 우리 각자가 나의 고질적인 문제를 하나님 앞에 들고 나가 영적인 씨름 할 수 있기를 바랍니다.

31:55절에 보면 야곱은 드디어 라반의 축복을 받았습니다. 그리고 지긋지긋하게 야곱을 괴롭혔던 라반은 결국 자기 집으로 돌아갔습니다. 이제 20년 동안 간절히 사모했던 고향을 향해 나아가는 일만 남았습니다. 32:1절에 보면 하나님의 천사들이 두 떼로 야곱을 보호하고 있었습니다. 야곱은 하나님의 군대라 하며 그 땅 이름을 마하나임이라 불렀습니다. 적어도 이때까지는 그에게 하나님께서 라반으로부터 지키고 보호하여 주신 것처럼 형 에서의 손에서도 지켜 주실 것이라는 믿음이 있었던 것 같습니다. 3-5절에 보면 야곱은 형 에서에게 사자를 보내어 그간의 히스토리를 짧게 고하고 동향을 살피고자 하였습니다. 그리고 사자들이 돌아왔습니다. 그런데 돌아온 사자들의 단 한 마디가 조용하고 차분했던 야곱의 심령에 풍파를 일으켰습니다. ***"우리가 주인의 형 에서에게 이른즉 그가 사백 명을 거느리고 주인을 만나려고 오더이다"*** 이 말을 들은 야곱의 반응이 어떠합니까?

7a절을 보겠습니다. ***"야곱이 심히 두렵고 답답하여"*** 그의 뇌리에 자신을 죽이고자 두 주먹을 불끈 쥐고 이를 박박 가는 형 에서의 얼굴이 떠올랐습니다. 27:41절에 보면, 에서가 야곱을 죽이고자 다짐하는 독백이 나옵니다. ***"아버지를 곡할 때가 가까웠은즉 내가 내 아우 야곱을 죽이리라"*** 그는 형 에서가 자신을 공격하여 죽이고자 한다고 확신하였습니다. 그는 어찌할 바를 몰랐습니다. 더 이상 상종하기 싫은 라반이

있는 밧단아람으로 다시 돌아갈 수도 없었습니다. 앞으로 나아가자니 형 에서가 너무 두려웠습니다. 이 위기의 상황에 야곱이 어떻게 반응합니까? 위기의 상황에 어떻게 반응하는가 보면 그 사람이 어떤 사람인가 확인할 수 있습니다.

첫째로, 피할 자리를 마련했습니다.

그는 그 절망적인 순간에도 열심히 머리를 굴렸습니다. 그리고 한 가지 아이디어를 짜냈습니다. 자기와 함께 한 동행자와 양과 소와 낙타를 두 떼로 나누어서 한 떼를 치면 다른 한 떼는 피하고자 한 것이었습니다. 그러나 그렇게 해도 마음이 놓이지 않았습니다.

둘째로, 하나님께 기도했습니다.

그는 이 문제를 하나님께 들고 나갔습니다. 9-12절을 읽어보겠습니다. ***"내 조부 아브라함의 하나님, 내 아버지 이삭의 하나님 여호와여 주께서 전에 내게 명하시기를 네 고향, 네 족속에게로 돌아가라 내가 네게 은혜를 베풀리라 하셨나이다 나는 주께서 주의 종에게 베푸신 모든 은총과 모든 진실하심을 조금도 감당할 수 없사오나 내가 내 지팡이만 가지고 이 요단을 건넜더니 지금은 두 떼나 이루었나이다 내가 주께 간구하오니 내 형의 손에서, 에서의 손에서 나를 건져 내시옵소서 내가 그를 두려워함은 그가 와서 나와 내 처자들을 칠까 겁이 나기 때문이니이다 주께서 말씀하시기를 내가 반드시 네게 은혜를 베풀어***

네 씨로 바다의 셀 수 없는 모래와 같이 많게 하리라 하셨나이다" 아마도 그는 문제가 생기면 하나님께 기도해야 한다는 것을 할아버지 아브라함이나 아버지 이삭으로부터 많이 보고 듣고 배운 것 같습니다. 그는 기도 중에 자신을 겸손히 낮추고 하나님의 축복에 감사하였습니다. 그리고 진실되게 형 에서의 손에서 건져내 주시도록 간구했습니다. 무엇보다도 약속의 말씀을 기초로 기도하였습니다. 그러나 문제는 하나님께 기도하고도 마음이 놓이지 않았습니다.

셋째로, 뇌물 공세를 폈습니다.

13-23을 보겠습니다. 그는 550마리가 넘는 짐승들을 택하여 형 에서에게 줄 예물로 삼았습니다. 예물을 한번에 보내지도 않고 각각 떼로 나누어 그때마다 자신이 보내는 예물이라고 정중히 고하도록 하였습니다. 그렇게 한 이유가 무엇입니까? 20절입니다. 이는 형 에서의 감정을 풀기 위해서였습니다. 예물로 에서의 감정을 풀고 나면 자신을 받아줄지 모른다는 기대 때문이었습니다.

여기서 우리가 볼 수 있는 야곱의 고질적인 문제가 무엇입니까?

첫째로, 그는 말씀에 기초한 믿음이 없었습니다.

사실 그는 말씀을 잘 알았습니다. 기도 중에도 말씀에 기초해서 기도했습니다. 그런데 아이러니하게도 말씀에 기초한 믿음은 없었습니다. 하나님은 그에게 약속의 말씀을 주셨습니다. 하나님은 그의 후손을 바다의 셀 수 없는 모래와 같이 많게 하시겠다고 약속하셨습니다. 이 약속의 말씀을 믿는다면 아무리 형 에서가 그를 죽이려 해도 하나님의 약속의 말씀이 성취되기 위해서는 그의 생명을 해할 수 없습니다. 그러나 야곱은 말씀 따로 삶 따로였습니다. 말씀은 알지만 실제 문제 앞에서는 말씀이 별 효력을 발휘하지 못했습니다.

우리의 모습이 바로 이 야곱의 모습과 같지 않습니까? 말씀을 지식적으로는 잘 알지만, 실제 우리 삶 가운데 만나는 문제들 앞에서는 말씀이 생각나지도 않고 말씀을 적용할 줄도 모릅니다. 말씀 따로, 삶 따로죠. 그래서 늘 불안합니다. 늘 고독합니다. 늘 무력합니다. 무엇을 어디서부터 어떻게 해야 할 줄을 모르죠. 문제로부터 자유로워지려면, 내가 무엇을 어떻게 해야 한다는 생각부터 버려야 합니다. 사실 문제 앞에서 우리가 할 수 있는 게 별로 없습니다. 믿는다면 맡겨야 합니다. 믿는다고 하면서 맡기지 못한다면 실상은 믿지 않는 것입니다. 복잡한 문제에 휘말릴수록 단순해져야 합니다. 믿고 맡기는 것입니다. 문제를 내가 붙들고 있지 말고 하나님께로 넘겨드려야 합니다.

둘째로, 그는 여전히 인간적인 싸움을 싸우고 있었습니다.

그는 그의 이름처럼 그동안 사람과 인간적인 싸움을 싸우며 살아왔습니다. 엄마 뱃속에서 간발의 차로 에서보다 늦게 나와 차자가 된 이후 그는 매사에 경쟁하며 살았습니다. 그리고 결국 치사하게도 겨우 팥죽 한 그릇에 형 에서의 장자권을 사고 나중에는 형 에서처럼 변장하고 아버지 이삭을 속여 축복을 받았습니다. 고전했던 라반과의 싸움에서도 신풍나무를 흔들어서라도 결국 이겼습니다. 이제 형 에서와의 갈등 문제도 그는 인간적인 꾀를 내어 형 에서의 분노를 풀고자 하였습니다. 진심은 통한다고 하는데 차라리 진실되게 용서를 구하는 쪽이 더 인간답지 않습니까? 그러나 그는 매사에 어떻게 하면 저 사람과 싸워 이길까 연구하고 분석하고 꾀를 내었습니다. 거짓말을 해서라도, 뇌물을 써서라도 자기가 원하는 것을 얻기 위해 아주 인간적인 싸움을 싸웠습니다.

홀로

그러나 이번만큼은 쉽지 않았습니다. 계속해서 22-23절을 보면, 그는 두 아내와 두 첩과 열한 아들을 인도하여 얍복 나루를 건너게 하고 그의 소유도 다 건너가게 하였습니다. 영어 NIV 성경이 표현이 더 정확한데, ***'그의 소유'***라는 표현이 *'All his possessions'*, *'그가 소유하고 있었던 모든 것'* 이라고 되어 있습니다. 그리고 24a절에 아주 중요한 표현이 나오는데, 무엇입니까? ***'야곱은 홀로 남았더니'*** 그냥 혼자 있는 것하고 혼자 남는 것하고 같습니까? 다릅니까? 다르지요. (역시 영어 NIV 성경의 표현이 더 정확한데, *'Jacob was left alone'* 엄밀히 말해서 그는 홀로 남았다기보다 홀로 남겨졌습니다.)

그러면 왜 혼자 남겨졌습니까? 그가 그토록 사랑하던 라헬, 그에게 그토록 사랑받고 싶어했던 레아가 별 도움이 되지 않았습니다. 든든할 것 같은 열한 아들도 별 도움이 안 되었습니다. 그가 소유하고 있던 모든 재산도 이 문제 앞에 별 도움이 되지 않았습니다. 왜냐하면 지금 그가 겪고 있는 갈등은 사람과의 관계에서 오는 갈등이 아니라 하나님과의 관계에서 오는 갈등이기 때문입니다. 단지 형 에서와 동생 야곱 간의, 다시 말해 형제 간의 인간적인 갈등이기만 한 것이 아닙니다. 하나님의 축복을 받는 과정에서 그는 진실하지 않았고, 하나님의 인도하심을 구하지 않았습니다. 거짓말을 했고, 치사했고, 인간적인 방법을 썼습니다. 그리고 이는 그의 삶의 스타일이었습니다.

그러나 하나님 편에서 이 문제는 반드시 다루셔야 할 문제였습니다. 우리의 죄 문제는 사람과 푼다고 풀리지 않습니다. 하나님과 풀어야만 풀립니다. 하나님께 용서받아야만 비로소 얽어매던 죄의 세력에서 풀리고 내면의 자유가 찾아옵니다. 그러지 않고는 절대로 에서 문제로부터 자유로울 수 없습니다. 지금 이 시간은 하나님 앞에 단독자로 서서 자신을 깊이 성찰하고 자신의 죄를 돌이켜 회개하고 하나님께 용서받고 새롭게 거듭나야 할 시간이었습니다. 우리에게는 어떤 에서 문제가 있습니까? 해결되지 않는 인간 갈등을 가지고 계십니까? 이렇게 해 보고 저렇게 해 봐도 내 마음을 억누르고 옥죄는 문제를 안고 계십니까? 그 에서 문제는 다른 것으로 풀 수 없습니다. 내가 믿고 기대던 주변 사람들, 주변 것들을 다 물리치고 하나님 앞에 단독자로 서야 합니다.

씨름

24b-31절을 보겠습니다. 하나님께서 천사를 보내셔서 씨름으로, *(정확히 표현하면 레슬링이지요. 레슬링으로)* 한판 승부를 내고자 하십니다. 24b에 보면 주어가 야곱이 아니라 *'한 사람'*입니다. 다시 말해서 먼저 싸움을 건 쪽은 야곱이 아니라 하나님의 천사였습니다. 하여간 싸움이 시작되었습니다. 야곱과 천사 간에 숨 막히는 대결이 시작되었습니다. 야간 경기인지라 밤하늘의 별들이 조명이 되어 주었고, 관중은 아무도 없었습니다. 야곱과 천사의 거친 숨소리만이 고요한 적막을 깨고 있었습니다. 그런데 시간이 지나도 좀처럼 승부가 나지 않았습니다. 그사이 벌써 동틀 시간이 다 되어갔습니다. 밤새 그렇게 엉켜 붙어서 씨름한 것입니다. 천사는 이렇게 해서는 도저히 야곱을 이길 수 없다고 판단하고 순간적으로 야곱의 허벅지 관절을 쳤습니다. 그러자 불가항력적인 힘에 의해 야곱의 허벅지 관절이 어긋났습니다. 허벅지 관절은 사람의 몸을 받쳐 주는 물리적 힘의 생성 부분입니다. 생명과 힘의 근원을 상징하기도 합니다. 그런데 허벅지 관절이 어긋났다는 것은 그동안 야곱을 지탱해 주던 강한 인간성이 깨어졌다는 것을 의미합니다. 20년간 밧단아람에서 그렇게 훈련받고도 여전히 깨어지지 않은 강한 자아를 하나님께서 허벅지 관절을 치심으로 동시에 무너뜨리신 것입니다.

간구

26절에 보면, 천사는 그만 가게 해 달라고 했습니다. 그러나 야곱은 천사를 필사적으로 꼭 붙들고 눈물 흘리며 간구했습니다. ***"당신이 내게 축복하지 아니하면 가게 하지 아니하겠나이다"*** 본문에 눈물 흘렸다는 얘기가 어디 있냐고요? 봤냐고요? 호세아서 12:4절에 그렇게 기록되어 있습니다. ***"천사와 겨루어 이기고 울며 그에게 간구하였으며"*** 그가 루스에서 하나님께 서원 기도할 때, 그리고 방금 전에 형 에서 문제를 놓고 하나님께 기도하였을 때, 그는 한번도 눈물 흘린 적이 없었습니다. 기도는 했지만 늘 따로 인간적인 계획을 가지고 있었고, 실상은 자신을 더 믿고 의지하였습니다. 그러나 여기서는 다릅니다. 그는 울며 불며 눈물 콧물 흘리며 제발 자신을 축복해 달라고 간절히 구하였습니다. 그는 지금까지 아무에게도 매달려 사정해 본 적이 없었습니다. 아쉬운 게 있으면 어떤 방법을 써서라도 얻고 말았습니다. 그런데 지금은 자존심이고 체면이고 뭐고 없이 그냥 매달려 간구하고 있습니다. 에서 문제 앞에 그리고 허벅지 관절이 어긋나면서 그의 자아는 드디어 변화되기 시작하였습니다. 이것이 얼마나 중요한 변화입니까? 그는 하나님의 축복마저도 자신의 인간적인 투쟁으로 얻은 사람입니다. 그러나 이제 겸손히 천사에게 축복을 간구합니다. 사람들에게서 축복을 얻어내는 것이 아니라 하나님께 축복을 구하는 영적인 비밀을 터득한 것입니다.

이스라엘

천사는 축복해 달라는 야곱에게 이름을 묻습니다. 그리고 그의 이름을 바꾸어 줍니다. 28절을 다같이 읽어보겠습니다. ***"네 이름을 다시는 야곱이라 부를 것이 아니요 이스라엘이라 부를 것이니 이는 네가 하나님과 및 사람들과 겨루어 이겼음이니라"*** 야곱은 무슨 뜻이었습니까? *'발뒤꿈치를 잡은 자'* 란 뜻이었습니다. 자기가 원하는 것을 위해 사람과 인간적인 싸움을 싸우는 사람입니다. 이스라엘은 무슨 뜻입니까? *'하나님과 씨름한 자'* 란 뜻입니다. 사람과 싸우는 대신에 하나님 앞에 나아가 영적인 씨름을 하는 사람입니다. 천사는 네 이름을 다시는 야곱이라 부를 것이 아니라고 합니다. 이름은 그 사람의 이미지를 결정합니다. 우리가 막둥아 부르면 막둥이 이미지가 생깁니다. 돌쇠야 하고 부르면 우직하게 열심히 일하는 충직한 종의 이미지가 떠오릅니다. 이쁜아 하고 부르면 안 이뻐도 이쁜 척하려고 애쓰게 됩니다. 그래서 이름이 중요합니다. 그런데 야곱이 더 이상 야곱이라 불리는 것을 하나님이 원치 않으십니다. 그가 더 이상은 사람 약점 붙잡고 싸움 걸고 다른 사람 상처 주는 것을 바라지 않으십니다. 이는 하나님의 종의 모습이 아닙니다. 복의 근원의 삶이 아닙니다. 대신에 싸우려면 하나님과 씨름하도록 이스라엘로 새 이름을 주십니다. 문제가 있을 때 하나님께 나아가서 영적인 씨름을 하고 거기서 해답을 얻기를 바라십니다. 그것이 하나님의 종의 모습입니다. 복의 근원의 삶입니다.

29절에 보면 야곱은 천사의 이름을 묻습니다. 그는 자기가 씨름한

분이 하나님이신 것을 직감했습니다. 그리고 그곳의 이름을 브니엘이라 붙였는데 하나님과 대면하여서 생명이 보전되었기 때문이었습니다. 마지막으로 31절에 보면 아주 낭만적인 표현이 나옵니다. 함께 읽어 볼까요? ***"그가 브니엘을 지날 때에 해가 돋았고 그의 허벅다리로 말미암아 절었더라"*** 어둡던 밤이 지나고 찬란하게 해가 돋았습니다. 그의 내면에도 어두움의 세력이 다 사라지고 환한 빛이 임하였습니다. 그래서 드디어 그는 두려움을 물리치고 걸음을 옮길 수 있었습니다. 대신 허벅다리로 말미암아 절었습니다. 그러나 이 드라마틱한 반전이 감동적이지 않습니까? 그의 허벅다리가 튼튼할 때 그는 단 한 걸음도 옮기지 못했습니다. 그런데 지금은 비록 다리를 절지만 한 걸음 한 걸음 앞으로 나아가고 있습니다. 저는 이 장면을 묵상하고 상상할 때마다 엄청난 감동을 받습니다. 우리가 건강할 때, 우리가 성공 가도를 달릴 때, 아이러니하게 우리가 한 발짝도 내딛지 못할 경우가 있습니다. 그런데 우리가 아플 때, 우리가 실패의 쓴잔을 마실 때, 되레 절면서라도 앞으로 걸음을 내딛게 되는 때가 있습니다. 그것은 오로지 하나님의 은혜요, 하나님의 인도하심입니다. 우리 인생에 아무 일 없기를 바라십니까? 탄탄대로를 걷기 원하십니까? 때로 나를 힘들게 하는 그 문제가 있어서 우리가 비로소 바른 걸음을 걸을 수 있다는 사실, 믿음의 전진을 할 수 있다는 사실을 명심하시기 바랍니다.

화해

33장은 야곱이 에서와 드디어 만나고 화해하는 장면입니다. 4절을 보겠습니다. 33장에서는 이 두 절만 공부해도 충분한 소득이 있습니다. ***"에서가 달려와서 그를 맞이하여 안고 목을 어긋맞추어 그와 입맞추고 서로 우니라" "내가 형님의 얼굴을 뵈온즉 하나님의 얼굴을 뵌 것 같사오며"*** 얼마나 감동적인 장면입니까? 20년 전에 에서는 쌍둥이 동생 야곱을 죽이겠다고 벼르고 별렀습니다. 야곱은 그런 형 에서를 피해 밧단아람으로 갔다가 20년 만에 돌아왔습니다. 그런데 지금 그들의 이 만남은 여느 다른 형제들의 만남과 다를 것이 없습니다. 아니 오히려 더 사람의 마음을 울리는 감동이 있습니다. 용서와 화해의 만남이기 때문입니다.

그가 하나님께 나아가지 않았을 때 그는 사람과 싸우며 살았습니다. 그러나 그가 하나님과 씨름하였을 때 이제는 더 이상 사람과 싸우지 않습니다. 본문 말씀 이후에 야곱의 삶의 스타일은 아주 많이 바뀝니다. 어지간해서는 사람과 싸우지 않습니다. 하나님께 나아갑니다.

우리에게는 어떤 야곱적인 요소가 있습니까? 어떤 면에서 자기를 꼭 붙들고 사람들과 갈등하고 하나님과의 관계성 맺기 어려워합니까? 욕심일 수도 있고, 시기심일 수도 있고, 교만일 수도 있고, 열등감일 수도 있습니다. 뭐가 됐든 중요한 것은 하나님은 더 이상 우리 이름이 야곱으로 불리기를 원치 않으십니다. 하나님께서 우리 허벅지 관절을 치셔서라도 이런 것들을 무너뜨리기 원하십니다. 사람과의 갈등을 청산

하고 하나님과 영적인 씨름하며 하나님과 사귀고 하나님의 축복을 받기를 바라십니다.

그러면 우리가 어떻게 해야 하겠습니까? 먼저는 단독자로 하나님 앞에 서야 합니다. 그리고 하나님과 씨름해야 합니다. 인생 가운데 잘 이해가 안 되는 문제, 풀리지 않는 문제가 있다면 오늘 이 시간부터 하나님께 들고 나아가서 따져 묻고 해답을 얻어야 합니다. 우리 각 사람이 야곱에서 이스라엘로 우리 존재의 변화를 받고 하나님께 풍성히 축복받는 삶을 살기를 간절히 바라고 기도합니다.

일곱 번째 이야기

소망의 실체를 들키다
- 세겜

이 땅의 많은 사람들이 세상을 살아가는 모토는 바로 나의 안전과 번영입니다. 내가 내 안전을 지키지 않고 내가 내 번영을 도모하지 않으면 이 세상에서는 아무도 이를 대신해 줄 수 없습니다. 본문 말씀에 보면 이는 오늘날뿐 아니라 야곱의 시대에도 마찬가지였습니다. 야곱은 세겜에 자기 집을 짓고 스스로의 안전과 번영을 도모했습니다. 어쩌면 이것은 인간의 당연한 본능입니다. 그런데 무엇이 문제였습니까? 그가 가야 할 곳이 있었다는 것입니다. 그는 벧엘로 돌아가야 했습니다. 그런데 돌아가지 않았습니다. 아마도 그는 벧엘은 자신의 안전과 번영을 위해서 좋은 땅이 아니라고 생각했던 것 같습니다. 그러나 벧엘은 하나님을 만나고 하나님을 섬기기로 서원한 땅이었습니다. 우리도 나의 안전과 번영을 중심으로 사는가, 하나님을 섬기는 것을 중심으로 사는가에 따라서 우리의 인생이 크게 달라질 수 있습니다. 세겜이냐 벧엘이냐 선택해야 합니다. 말씀을 통해서 현재 나의 신앙을 점검해 보고 자기 중심에서 하나님 중심으로 방향 전환할 수 있길 기도합니다.

야곱은 하나님의 전적인 은혜와 보호하심으로 무사히 고향 땅으로 돌아왔습니다. 그리고 에서와의 갈등도 풀리고 눈물로 화해했습니다. 그러면 이제 그에게 남은 것은 무엇입니까? 하나님께 드린 서원을 지키는 것입니다. 우리는 야곱의 서원 기도를 잘 기억하고 있습니다. 28:20-22절입니다. ***"야곱이 서원하여 이르되 하나님이 나와 함께 계셔서 내가 가는 이 길에서 나를 지키시고 먹을 떡과 입을 옷을 주시어 내가 평안히 아버지 집으로 돌아가게 하시오면 여호와께서 나의 하나님이 되실 것이요 내가 기둥으로 세운 이 돌이 하나님의 집이 될 것이요 하나님께서 내게 주신 모든 것에서 십분의 일을 내가 반드시 하나님께 드리겠나이다 하였더라"*** 하나님은 그의 기도를 받으시고 그와 함께하시고 그를 지키시고 먹을 음식과 입을 옷을 주실 뿐만 아니라 부자가 되게 하셨습니다. 무엇보다도 평안히 고향 땅으로 돌아오도록 인도하셨습니다. 이제 그가 하나님을 섬기기로 한 벧엘로 돌아가서 하나님을 섬기는 인생을 살아야 했습니다. 그런데 그가 에서와의 갈등이 해결된 이후 찾아간 곳은 어디였습니까?

33:17-19절 말씀을 살펴보겠습니다. 먼저 17절을 보겠습니다. ***"야곱은 숙곳에 이르러 자기를 위하여 집을 짓고 그의 가축을 위하여 우릿간을 지었으므로 그 땅 이름을 숙곳이라 부르더라"*** 그는 '*자기를 위하*

여' 집을 짓고, *'그의 가축을 위하여'* 우릿간을 지었습니다. 그러면, 하나님을 위하여서는 무엇을 지었습니까? 아무것도 안 지었습니다. 그의 서원기도에 근거하자면 그는 먼저 하나님의 집을 지어야 했습니다.

세겜

다음으로, 18-19절을 보겠습니다. ***"야곱이 밧단아람에서부터 평안히 가나안 땅 세겜 성읍에 이르러 그 성읍 앞에 장막을 치고 그가 장막을 친 밭을 세겜의 아버지 하몰의 아들들의 손에서 백 크시타에 샀으며"*** (NIV 성경에는 *'After' '후에'*로 시작됩니다.) 이후 야곱은 세겜 성읍에 이르렀습니다. 세겜은 우리에게 이미 익숙한 지역입니다. 12:6절에 보면 나와 있습니다. ***"아브람이 그 땅을 지나 세겜 땅 모레 상수리나무에 이르니 그 때에 가나안 사람이 그 땅에 거주하였더라"*** 하나님께서 아브라함에게 나타나셔서 *'이 땅을 네 자손에게 주리라'* 약속의 말씀을 주신 땅이요, 아브라함이 처음으로 하나님께 제단을 쌓은 곳입니다. 야곱은 거기서 장막을 치고 장막 친 땅을 샀습니다. 여기서 우리가 한 가지 중요한 것을 생각해 보아야 합니다. 그는 하나님과 처음 만나 서원 기도했던 벧엘로 가지 않았습니다. 그렇다고 아버지 이삭이 있는 헤브론으로 가지도 않았습니다. 그러면 그가 세겜에 땅을 산 이유가 무엇입니까?

여기서 우리가 한 가지 기억하고 넘어가야 할 말씀이 있습니다. 30:30절입니다. ***"내가 오기 전에는 외삼촌의 소유가 적더니 번성하여***

떼를 이루었으니 내 발이 이르는 곳마다 여호와께서 외삼촌에게 복을 주셨나이다 그러나 나는 언제나 내 집을 세우리이까" 라헬이 요셉을 낳고 난 후에 야곱이 라반에게 항변하는 말입니다. *'나는 언제나 내 집을 세우리이까'* 사실 그가 정말 바랐던 것은 아버지 집으로 돌아가는 것이 아니었습니다. 자기 집을 세우는 것이었습니다. 하나님께서 추격해 온 라반 문제를 해결해 주시고 가장 큰 고민거리였던 에서 문제까지 해결해 주셨습니다. 이제 그의 인생에 아무 문제도 없어 보였습니다. 평안의 때에 그는 드디어 그렇게 바라고 소원하던, 자기 집을 세웁니다. 땅도 구입합니다. 자신의 안전과 번영을 위한 만반의 준비를 합니다. 그러는 중에 그의 서원 기도는 잊혀 갔습니다. 33:20절을 보겠습니다. ***"거기에 제단을 쌓고 그 이름을 엘엘로헤이스라엘이라 불렀더라"*** 엘엘로헤이스라엘은 *'하나님 이스라엘의 하나님'*이란 뜻입니다. 이것이 무엇을 의미합니까? 하나님도 섬겼다는 것입니다. 그런데 무엇이 문제였습니까? 중심이 자기였다는 것입니다. 하나님을 섬기되 자기 중심으로 섬겼다는 것입니다. 자기 안전과 번영을 중심으로 삼고 하나님은 그 주변에서 자신의 안전과 번영을 지켜 주시기를 바랐습니다. 남 얘기 같습니까? 바로 우리 자신의 얘기일 수 있습니다.

옛날에는 지동설 대신 천동설을 믿었습니다. 그런데 갈릴레오 갈릴레이라는 사람이 지동설을 주장했고 이는 당시 큰 파문을 일으켰습니다. 그리고 유명한 말을 남겼습니다. *"그래도 지구는 돈다"* 사람들은 지구가 중심에 있고 태양이 지구를 돈다고 생각했고 또 그렇게 믿고 싶었습니다. 그러나 실제는 태양이 중심이고 지구가 돌고 있었던 겁니다. 우리의 신앙이 이와 같습니다. 하나님이 중심이고 나는 그 주변을 돌면서 하나님께 향해 있어야 합니다. 그런데 많은 사람들이 자신의 안전과 번영을 중심에 놓고 하나님이 그 주변을 돌아 주시기를 바랍니다. 하나님이 좀 나를 향해 계셔 주기를 바랍니다. 이게 바로 오늘 야곱이 부딪히는 문제, 하나님이 야곱을 깨우치시는 문제입니다. 뭐가 맞습니까? 천동설입니까? 지동설입니까? 지동설이 맞습니다. 지구가 태양 주위를 돕니다. 우리가 하나님을 중심으로 돌아야 합니까? 하나님이 우리를 중심으로 돌아야 합니까? 우리가 하나님을 중심으로 돌아야 합니다.

34장에는 야곱이 하나님을 중심으로 살지 않고 자기 안전과 번영을 꾀하고 살 때 생긴 복잡한 문제들이 기록되어 있습니다. 첫째로, 외동딸 디나가 강간당한 사건이 나옵니다. 그리고 둘째로, 디나의 친오빠인 시므온과 레위가 잔인한 복수극을 펼치는 사건이 나옵니다. 이 두 사건이 갖는 의미가 무엇일까요?

첫째로, 디나의 강간 사건

1절을 보겠습니다. 디나가 그 땅의 딸들을 보러 나갔습니다. 영어 NIV 성경에는 '보다'가 'visit'로 되어 있습니다. 아마도 전부터 잘 알고 지내는 몇몇 친구들을 방문하러 나간 것 같습니다. 그런데 그 땅의 추장 세겜이 디나를 범하는 사건이 발생했습니다. 7절의 표현대로 이는 부끄러운 일, 곧 행치 못할 일이었습니다. 추장의 평소 행위가 이렇다고 한다면 당시 그 땅의 문화는 굉장히 육신적이고 저속했을 확률이 높습니다. 그러나 적어도 디나를 향한 세겜의 마음만큼은 진심이었습니다. 그는 디나를 사랑하여 디나의 상처 받은 마음을 말로 위로하고 아버지 하몰에게도 정식으로 결혼시켜 줄 것을 청했습니다. 그리고 하몰과 세겜 부자는 야곱과 그 아들들을 찾아가 구체적으로 혼담을 나누었습니다. 하몰은 통혼을 제안하며 그 곳에서 야곱 일행이 매매하고 기업을 얻을 수 있도록 좋은 조건을 제시했습니다. 세겜도 아무리 큰 혼수와 예물을 청할지라도 다 주겠다고 약속합니다. 겉으로는 이 결혼이 잘 성사되는 듯했습니다. 그러나 야곱의 아들들은 속임수를 써서 복수의 칼을 갑니다.

둘째로, 야곱의 아들들의 복수

속임수라면 야곱의 아들들도 그 아버지 못지 않았던 것 같습니다. 부전자전이었습니다. 그들은 결혼을 위한 조건으로 할례를 제시했습니다. 이렇게 해서 그 땅의 모든 남자들이 다 할례를 받았습니다. 그 이후로 어떤 일이 벌어졌습니까? 25-29절을 보십시오. 제삼일에 아직 그들이 고통 중에 있을 때에 디나의 친오빠인 시므온과 레위가 칼을 들고 성읍을 기습하여 모든 남자를 다 죽였습니다. 뿐만 아니라 나머지 형제들도 합세하여 모든 재물을 빼앗고 그들의 자녀와 아내들을 사로잡고 집 속의 물건을 다 노략질하였습니다. 그들은 나름 정당한 복수를 했다고 생각했을지 모릅니다. 그러나 본문을 잘 보면 그들의 복수의 대상은 단순히 디나를 강간한 세겜만이 아니라 그 성의 모든 남자들이었고, 노략질도 서슴지 않았습니다. 전혀 하나님 백성답지 못한 모습입니다. 도리어 가나안 족속들이 훨씬 더 정직하고 신사적이었습니다.

자, 그러면 여기서 우리가 주목해 보아야 할 것이 무엇입니까? 바로 야곱의 반응입니다. 야곱의 아들들의 반응은 사실 그다지 중요하지 않습니다. 중요한 것은 야곱입니다. 지금 하나님이 주목해 보고 계신 사람은 바로 야곱이기 때문입니다.

첫째로, 잠잠하였습니다.

5절입니다. ***"야곱이 그 딸 디나를 그가 더럽혔다 함을 들었으나 자기의 아들들이 들에서 목축하므로 그들이 돌아오기까지 잠잠하였고"*** 이 문제에 자신이 직접 나서서 해결하려고 하지 않고 그 아들들을 내세웠습니다. 사람이 잠잠해야 할 때가 있고, 입을 열어야 할 때가 있습니다. 많은 경우 쓸데없이 입을 여느니 입을 닫고 잠잠한 게 낫습니다. 그러나 지금은 잠잠할 때가 아니었습니다. 그런데 야곱은 입을 열어야 할 때 도리어 침묵했습니다. 그는 이 문제를 회피하고 싶었습니다. 할 수만 있으면 그냥 없었던 일로 덮어버리고 계속 그 땅에서 자기 안전을 지키며 살고 싶었습니다. 7절에 보면 야곱의 아들들은 디나의 소식을 듣고 근심하고 (NIV성경 표현은 슬퍼하고) 심히 노하였습니다. 이것이 가족으로서 자연스럽고 인간적인 반응입니다. 그러나 야곱은 놀라우리만치 감정 조절을 잘 하고 있었습니다. 그것은 딸 디나가 당한 상처보다 다른 것에 더 집중하고 있었기 때문입니다. 그것이 무엇입니까? 바로 자기의 안전이었습니다.

둘째로, 시므온과 레위를 책망했습니다.

30절입니다. ***"야곱이 시므온과 레위에게 이르되 너희가 내게 화를 끼쳐 나로 하여금 이 땅의 주민 곧 가나안 족속과 브리스 족속에게 악취를 내게 하였도다 나는 수가 적은즉 그들이 모여 나를 치고 나를 죽이리니 그러면 나와 내 집이 멸망하리라"*** 이 한 절에서 '나'라는 표현이 몇 번이나 나옵니까? 7번 나옵니다. 그만큼 그는 자신의 안전에 민감했습니다. 어쩌면 세겜의 아버지 하몰이 매매를 제안하고 그 땅을 기업으로 삼도록 했을 때 야곱은 내심 반가웠는지 모릅니다. 그리고 시므온과 레위가 복수극만 저지르지 않았다면 그 사람들과 통혼하고 그 땅에 정착하려고 했던 것 같습니다. 그러나 시므온과 레위를 책망한다고 될 일이 아니었습니다. 이 또한 하나님과 풀어야 했던 문제였습니다. 이 땅은 그가 정착할 땅이 아니었습니다. 그에게는 가야 할 곳이 있었습니다. 바로 벧엘입니다. 자기 중심성을 버리고 자기 안전과 자기 번영보다 하나님 중심이 되어서 하나님을 섬기는 데에 마음을 써야 했습니다. 그래서 디나 사건이 발생한 것입니다.

여기서 한 가지 우리가 오해하기 쉬운 것이 있습니다. 야곱이 하나님을 중심으로 살지 않은 것 때문에 하나님이 디나 사건을 만드신 것입니까? 그렇다면 우리 하나님은 너무 매정하고 잔인한 분 아닙니까? 아버지 잘못으로 딸은 강간을 당하고 아들들은 피비린내 나는 복수극에 휘말리는 것이 공정한 것입니까? 그러나 우리가 여기서 이 오해를 풀어야 하겠습니다. 하나님의 가장 무서운 심판 중에 하나는 침묵입니다. 하나님은 아브라함이 이스마엘을 낳고 온통 이스마엘에게 마음을 빼앗기고 살 때 13년 동안 침묵하셨습니다. 하나님은 야곱이 세겜 땅에 거하던 7-8년 동안 마찬가지로 침묵하셨습니다. 반면 아브라함과 이삭과 야곱이 믿음으로 살고자 했을 때 하나님은 그들을 지키시고 보호하셨습니다. 아브라함과 이삭이 아내를 누이라고 속였을 때 하나님이 그냥 내버려두셨더라면 사라와 리브가에게도 디나와 같은 사건이 얼마든지 발생할 수 있었습니다. 그러나 우리가 공부했듯이 하나님이 바로와 아비멜렉에게 경고하셔서 그들을 보호해 주셨습니다. 야곱이 서원 기도하고 난 후 20년 동안 밧단아람에 있을 때 하나님이 늘 함께 해 주시고 그를 지키시고 보호해 주셨습니다. 라반이 열 번이나 품삯을 변경하였지만 결국 하나님이 다 야곱에게로 돌려 주셨습니다. 그러나 야곱이 자기 중심적으로 살 때 하나님은 더 이상 그와 함께 하지 않으시고 보호해 주시지 않으셨습니다. 침묵하셨습니다. 디나의 강간과 야곱의 아들들의 복수극은 어디까지나 그들의 실수이고 그들의 죄악이었습니다. 다만 야곱이 하나님 중심적으로 살지 않을 때 하나님이 지키고 보호해 주시는 대신 침묵하셨을 뿐입니다. 우리도 매사에 자기 중심적으로 살면서도 하나님이 내 주위를 돌면서 내가 원하는 대로 다 짜 맞춰 주시기를 바라는 죄악된 본성이 있습니다. 그러나 우리가 하나님의 인도하심과 하나님의 보호하심을 기대하려면 먼저 우리의 중심이 자기에서 하나님으로 바뀌어야 합니다. 그래야 일방적인 관계가 아니라 인격적으로 사랑과 신뢰의 관계성이 맺어질 수 있습니다.

첫째, 하나님의 명령

야곱이 디나 사건 이후 뭐 좀 깨달은 게 있습니까? 아마 없었던 것 같습니다. 그래서 하나님이 또 직접 개입하십니다. 35:1절입니다. ***"하나님이 야곱에게 이르시되 일어나 벧엘로 올라가서 거기 거주하며 네가 네 형 에서의 낯을 피하여 도망하던 때에 네게 나타났던 하나님께 거기서 제단을 쌓으라 하신지라"*** 이 말씀을 쪼개어 보면 세 가지 하나님의 명령입니다.

첫째로, 일어나 벧엘로 올라가라.

그가 가야할 곳은 세겜이 아니라 벧엘이었습니다. 벧엘이 어떤 곳입니까? 야곱이 형 에서의 낯을 피하여 도망하던 때에 하나님을 만나고 서원 기도하였던 곳입니다. 하나님과의 첫 만남이 있었던 곳입니다. 하나님과의 첫 교제가 있었던 곳입니다. 하나님과 또 다른 만남과 교제가 약속되어 있는 곳입니다. 밧단아람에서 야곱은 사람 막대기로 두들겨 맞으며 강한 인간성이 많이 깨졌습니다. 실제로 본문 말씀에 보면 야곱이 사람 눈치를 많이 봅니다. 그러나 여전히 중심은 자기였습니다. 이제는 중심이 자기에서 하나님으로 바뀌어야 했습니다. 여기까지가 진정한 변화입니다.

둘째로, 거기 거주하라.

여기서 '*거주하다*'라는 동사가 영어 NIV성경에는 'settle'로 되어 있습니다. 하나님께서 이삭에게 애굽으로 내려가지 말고 그랄에 거주하라고 하실 때는 영어로 'stay'로 되어 있습니다. 여기서는 다른 데 방황하지 말고 당분간 벧엘에 좀 머물러 있어라 하는 의미가 강합니다. 우리는 현재 어디에 머물러 있습니까? 세겜입니까? 아니면 벧엘입니까? 내가 사명을 받은 곳, 내가 부르심을 입은 곳, 내가 하나님께 헌신을 약속했던 곳… 그곳이 우리가 머물러야 할 곳입니다.

셋째로, 하나님께 제단을 쌓으라.

그는 자기 집을 세우고 자기 안전과 번영만을 생각했습니다. 그러나 이제는 하나님께 제단을 쌓고 하나님의 영광을 구하라는 것입니다.

둘째, 야곱과 가족들의 순종

이제 야곱의 반응을 보겠습니다.

2-3절을 보겠습니다. 야곱은 가족들에게 세 가지 방향을 주었습니

다. ***'너희 중에 이방 신상을 버리고' '자신을 정결케 하고' '의복을 바꾸라'***는 것입니다. 그들은 세겜 땅에 거하며 신앙의 순수성을 타협하고 굉장히 세속적이 되었습니다. *'You'*라고 한 것을 보면 야곱 스스로 이방 신상을 가지고 있었던 것은 아닌 게 확실합니다. 그러나 그는 이 사실을 알면서도 방치했습니다. 그는 자신의 안전과 번영을 위해 신앙의 순수성과 절대성을 포기했습니다. 그러나 이제 하나님의 말씀을 듣고 과감히 개혁을 시도합니다. 그들 가운데 있는 모든 더러운 죄의 세력을 씻어 내고 정결한 몸과 마음으로 하나님을 예배하고자 합니다.

다음으로 가족들의 반응을 보겠습니다.

4절입니다. 그들은 자기 손에 있는 모든 이방 신상들과 자기 귀에 있는 귀고리들을 야곱에게 주었습니다. 그리고 야곱은 그것들을 세겜 근처 상수리나무 아래에 다 묻어버렸습니다. 지도자가 과감히 개혁을 시도했을 때 실상 사람들은 순순히 그 방향대로 순응했습니다. 결국 모임이 타락하고 변질되는 것은 지도자 책임입니다. 그래서 하나님께서 그토록 한 사람 믿음의 사람 세우는 일에 집중하시는 것입니다.

5절에 보면, 야곱의 생각과는 달리 아무도 야곱의 아들들에게 복수하려고 추격하는 사람들이 없었습니다. 왜냐하면, 하나님이 그 사면 고을들로 크게 두려워하게 하셨기 때문이었습니다. 그들이 회개하고 하나님 중심으로 방향 전환했을 때 하나님께서 다시 그들을 지키시고 보호하십니다. 마침내 벧엘에 이르러 거기서 단을 쌓고 그곳을 '벧엘의 하나님' 이란 뜻의 엘벧엘이라고 불렀습니다. 하나님은 다시 야곱에게 나타나셔서 말씀하십니다. ***"나는 전능한 하나님이라 생육하며 번성하라 국민과 많은 국민이 네게서 나고 왕들이 네 허리에서 나오리라 내가 아브라함과 이삭에게 준 땅을 네게 주고 내가 네 후손에게도 그 땅을 주리라"*** 그리고 야곱은 하나님이 자기와 말씀하시던 곳에 돌기둥을 세우고 그 위에 전제물을 붓고 또 그 위에 기름을 붓습니다. 이는 하나님께 대한 헌신을 의미합니다. 사실 하나님이 바라신 것은 많은 것이 아니었습니다. 자기의 안전과 번영을 구하기에 앞서 먼저 하나님 앞에 나아와 하나님을 예배하고 하나님을 마음 한 가운데 모시고 하나님의 말씀을 붙들기를 바라시는 것입니다.

저는 *'나는 언제나 내 집을 세우리이까'* 하던 야곱의 말이 사실 피부에 많이 와 닿았습니다. 물려 받을 집도, 재산도 없고 나이 오십에 아직 내 소유로 가진 것은 아무 것도 없는 현실을 생각할 때 자꾸 나와 나의 가족의 안전과 번영을 생각하게 되었습니다. 그러나 말씀 통하여 내가 만난 벧엘의 하나님, 나를 구원하시고 영광스런 선교사의 인생으로 불러 주신 그 하나님을 기억하고 섬기는 것이 우선인 것을 깨닫습니다. 제가 자기 중심으로 오그라든 이기심을 개혁하고 하나님 중심의 사람이 되길 기도합니다.

그랬습니다. 이때까지 야곱의 소망의 실체는 자기의 안전과 번영이었습니다. 우리는 현재 어느 자리에서 무엇을 구하며 살고 있습니까? 여전히 세겜에서 내 안전과 번영을 구하고 있습니까? 아니면 하나님이 나를 만나 주셨던 벧엘에서 그 하나님을 섬기고 있습니까? 세상에 할 일이 많습니다. 그러나 우리가 다른 건 다 못 해도 하나님과의 만남과 교제, 하나님을 예배하고 섬기는 것만큼은 포기하지 말아야 하겠습니다. 거기에 하나님의 약속이 있고, 거기에 하나님의 축복이 있고, 거기에 하나님의 인도하심과 보호하심이 있습니다. 우리 각 사람이 나를 주장하고 나로 인해 염려하기보다 하나님을 앞세우고 하나님의 뜻을 구하는 성숙한 믿음의 사람들 되기를 간절히 바라고 기도합니다.

요셉의 소망

여덟 번째 이야기

지도자가 될 꿈을 꾸다
- 꿈

지금까지 야곱의 이야기를 살펴보았습니다. 이제부터는 요셉의 이야기를 살펴보고자 합니다. 요셉은 창세기의 열매입니다. 그를 보면 아브라함과 이삭과 야곱의 장점을 다 모아 놓은 것 같습니다. 또한 그의 삶은 예수님의 삶과 너무도 닮았습니다. 그래서 그를 가리켜 예수님의 그림자라고 합니다. 그러나 이렇게 훌륭한 믿음의 사람 요셉이 있기까지에는 바로 요셉의 하나님이 배후에 계셨습니다. 사실 요셉은 아브라함, 이삭, 야곱처럼 하나님의 직접적인 음성을 들은 적도 없습니다. 그럼에도 불구하고 요셉은 역경 중에서 너무도 아름답고 감동적인 인생을 살았습니다. 요셉의 하나님은 어떤 하나님입니까? 우리가 앞으로 요셉의 이야기를 살펴보며 던져야 할 질문입니다. 요셉의 인생을 공부하는 가운데 우리 인생을 주관하시고 다스리시는 섭리의 하나님을 생생하게 만나게 되기를 바랍니다.

꿈꾸는 자

본문 말씀은 파란만장했던 요셉의 이야기의 시작 부분입니다. 질문을 하나 하겠습니다. 세상에서 가장 축복된 인생을 산 사람은 어떤 사람일까요? 돈을 많이 번 사람? 자식 농사를 잘 지은 사람? 유명해진 사람? 저는 꿈이 현실이 된 사람이 가장 축복받은 사람이라고 생각합니다. 요셉의 이야기의 키워드는 바로 **'꿈'**입니다. 요셉의 별명은 **'꿈꾸는 자'**였습니다. 그럼, 지금부터 꿈꾸는 자 요셉의 인생 스토리를 함께 살펴보겠습니다.

요셉의 삶은 크게 '옷'과 '꿈'으로 대변됩니다. 그가 입고 있었던 옷을 기준으로 그의 삶을 다음과 같이 네 단계로 구분할 수 있습니다.

1) 채색옷을 입고 아버지의 편애를 받고 살던 시절,

2) 노예의 옷을 입고 바로의 시위대장 보디발의 가정 총무로 살던 시절,

3) 죄수의 옷을 입고 억울한 누명을 쓰고 감옥에서 살던 시절,

4) 세마포 옷을 입고 애굽의 총리로 애굽 전국을 다스리던 시절입니다.

그가 옷을 바꿔 입을 때마다 하나님은 그의 꿈에 한 발 더 다가가도록 하셨습니다. 본문 말씀에서 우리는 요셉에게 채색옷을 입힌 아버지 야곱과 요셉에게서 채색옷을 벗긴 형들의 모습을 볼 수 있습니다.

1절을 보겠습니다. 야곱은 아버지가 거류하던 땅에 거했습니다. 35:27절에 보면, ***"야곱이 기럇아르바의 마므레로 가서 그의 아버지 이삭에게 이르렀더니 기럇아르바는 곧 아브라함과 이삭이 거류하던 헤***

브론이더라"라고 기록되어 있습니다. 벧엘에서 하나님께 드렸던 서원을 지킨 야곱은 헤브론으로 돌아와서 애굽으로 가기까지 그곳에 거류합니다. 2절에 보면 *'이는 야곱의 가족의 이야기'*라고 소개하고 있습니다. 주목할 만한 것은 요셉의 이야기라고 하지 않고 야곱의 가족의 이야기라고 했다는 것입니다. 무슨 이야기입니까? 우리가 잘 알다시피 믿음의 3대 족장은 아브라함과 이삭과 야곱입니다. 야곱을 통해서 이스라엘 열두 지파가 형성됩니다. 창세기는 야곱이 열두 아들들을 축복하고 임종을 맞고 뒤이어 요셉이 임종을 맞는 것으로 끝납니다. 그러니까 요셉의 이야기도 사실은 야곱의 이야기에 흡수된다는 것입니다.

역사적으로 요셉의 이야기를 살펴보려면, 15:13-16절로 거슬러 올라가야 합니다. ***"여호와께서 아브람에게 이르시되 너는 반드시 알라 네 자손이 이방에서 객이 되어 그들을 섬기겠고 그들은 사백 년 동안 네 자손을 괴롭히리니 그들이 섬기는 나라를 내가 징벌할지며 그 후에 네 자손이 큰 재물을 이끌고 나오리라 너는 장수하다가 평안히 조상에게로 돌아가 장사될 것이요 네 자손은 사대 만에 이 땅으로 돌아오리니 이는 아모리 족속의 죄악이 아직 가득 차지 아니함이니라 하시더니"*** 하나님께서 애굽에서 이스라엘 자손을 번성케 하셔서 큰 민족을 이루시는데 이를 위해서 요셉에게 꿈을 주시고 그 꿈을 이루셔서 요셉을 애굽의 총리로 삼으신 것입니다. 우리는 요셉의 인생을 이 틀 안에서 생각해야 합니다. 그의 삶에 벌어지는 파란만장한 이야기들이 하나님의 선하신 주권과 섭리 가운데 있었다는 얘기입니다.

우선 요셉의 주변부터 살펴보는 것이 좋겠습니다. 요셉은 극단적으로 아버지의 특별한 사랑을 받는 대신 형들의 미움을 받았습니다. 그가 형들에게 미움받은 이유는 크게 세 가지로 볼 수 있습니다.

첫째로, 요셉이 형들의 잘못을 아버지에게 말했기 때문이었습니다.

2절 말씀에 보면 그는 주로 빌하와 실바의 아들들과 함께 일했습니다. 그들은 야곱의 첩의 아들들이었습니다. 대개 이런 경우 아버지의 깊은 관심과 사랑을 받기가 어렵고, 스스로 열등감과 운명주의에 빠져 인생을 삐딱하게 바라보기 쉽습니다. 그래서 그런지 그들은 아버지의 말에 순종해서 성실하게 양을 치기보다 아무 때나 드러누워 자고 자기 본성이 원하는 대로 했습니다. 그런데 요셉은 성품이 곧아서 형들의 잘못을 가만 보고 넘길 수가 없었습니다. 그래서 사사건건 아버지에게 일러바쳤습니다. 요셉의 성품은 맑은 시냇물과 같아서 더러운 오물을 허용할 수 없었습니다. 그런데 이 점이 바로 요셉이 훈련받아야 할 점이었습니다. 질문 하나 하겠습니다. 맑은 시냇물에 물고기가 많이 삽니까? 바닷물에 물고기가 많이 삽니까? 바닷물에 많이 삽니다. 아무리 시냇물이 맑고 깨끗해도 거기에는 고기가 많이 살지 않습니다. 고기가 많이 살려면 플랑크톤이 있어야 하는데 맑은 시냇물에는 이것이 없습니다. 이와 같이 많은 사람들을 품고 섬기려면 단순히 성품이 깨끗하다고 되지 않습니다. 어떤 사람도 품고 이해하고 감당하고 섬길 만한 내면성과 관용이 필요합니다. 하나님은 요셉이 맑은 시냇물처럼 혼자

깨끗한 척 살기를 원하지 않으셨습니다. 온갖 지저분한 것들을 품고도 유유히 흐르는 바닷물처럼 크고 넓은 사람이 되기를 원하셨습니다.

둘째로, 아버지가 형들보다 요셉을 더 사랑했기 때문이었습니다.

3절을 보겠습니다. 보통 노년에 얻은 아들을 특별히 사랑하는 경우가 많습니다. 더군다나 야곱의 경우에는 그가 그토록 사랑했던 라헬이 낳은 아들이었기에 특별히 요셉을 사랑하였습니다. 그런데 문제는 너무 지나치게 편애했다는 데 있었습니다. 그 결정적인 증거가 무엇입니까? 바로 문제의 채색옷입니다. 야곱은 특별히 요셉에게만 채색옷을 지어 입혔습니다. 사실 옷은 그냥 옷일 뿐입니다. 그런데 때때로 어떤 옷을 입었느냐가 그 사람의 사회적인 신분이나 위치를 시사해 주는 경우가 많습니다. 요셉의 형들은 요셉의 채색옷을 볼 때마다 아버지의 편애를 생각하지 않을래야 않을 수가 없었습니다. 자기가 사랑받지 못한다, 존중받지 못한다는 생각이 들 때 사람들은 제일 비참함을 느낍니다. 반대로 자기가 못 받는 사랑과 존중을 받는 사람을 볼 때 박수 쳐 주기보다는 미워하고 시기하는 경우가 많습니다. 요셉의 형들이 그랬습니다. 그들은 요셉의 채색옷을 볼 때마다 심사가 뒤틀렸습니다. 요셉만 특별 대접받는 것이 못마땅했고 편애하는 아버지, 편애받는 요셉이 다 미웠습니다. 그 미움 때문에 요셉에게 편안하게 말할 수가 없었습니다. 무슨 말을 해도 곱게 나가지 않았습니다. 하나님은 요셉이 채색옷을 뽐내며 아버지의 사랑받는 왕자처럼 살기를 원치 않으셨습니다. 야곱이 요셉에게 입혀 준 채색옷은 애정의 표현은 될 수 있었지만, 요셉을 키워 주고 성숙하게 해 주는 거름이 되지는 못했습니다.

셋째로, 요셉이 꿈을 꾸고 자기 형들에게 말했기 때문이었습니다.

5절을 보겠습니다. 두 가지 꿈을 꾸었는데, 하나는 형들의 곡식단이 요셉의 곡식단을 둘러서서 절하는 꿈이었고, 다른 하나는 요셉의 가족을 상징하는 해와 달과 열한 별이 요셉에게 절하는 꿈이었습니다. 요셉은 아무 거리낌 없이 이 꿈을 형들에게 말했습니다. 그는 형들이 이 꿈으로 인해서 자기를 죽일 생각을 하게 되리라고는 생각도 못 했습니다. 아마도 그가 꾼 꿈이 너무도 기이하고 놀라워서 누구에겐가 말하지 않고는 못 참았던 것 같습니다. 그런데 이 꿈 이야기를 들은 요셉의 형들의 반응이 어떠합니까? 5절에 보면 더욱 미워했다고 했고, 11절에는 시기했다고 했습니다. 8절에는 노골적으로 그의 꿈을 비꼬았습니다. ***"네가 참으로 우리의 왕이 되겠느냐 참으로 우리를 다스리게 되겠느냐"*** 미움과 시기심만 가중시켰습니다. 결국 이 꿈대로 요셉은 애굽의 총리가 되고 형들이 곡식을 사러 와서 그의 앞에 절하게 되지만, 이 꿈이 현실이 되기까지 그의 앞에는 너무도 혹독한 시련과 고통이 기다리고 있었습니다. 채색옷과 꿈… 두 가지가 다 형들에게 미움받는 이유가 되긴 했지만 그러나 각각이 갖는 의미는 판이하게 다릅니다. 야곱은 인간적인 사랑의 표현으로 요셉에게 채색옷을 지어 입혔습니다. 그러나 하나님은 영적인 사랑의 표현으로 꿈을 주셨습니다. 옷은 현실의 반영입니다. 반면 꿈은 미래의 반영입니다. 야곱이 입혀 준 채색옷은 요셉을 현실에 자족하게 하고 형들에게 미움 받고 왕따당하는 천덕꾸러기로 만들었습니다. 그러나 하나님이 주신 꿈은 어떤 역경과 시련 속에서도 굴하지 않고 앞으로 전진할 수 있는 믿음과 용기를 주었습니다. 여러분은 채색옷과 꿈 중에 어느 것을 택하시겠습니까? 아버지가 준 채색옷을 입고 현실에 안주하여 알콩달콩 재미나게 살기를 원하십니까? 하나님이 주신 꿈을 이루기 위하여 어떤 역경과 고난이 닥쳐올지도 모르는 인생의 모험을 하기를 원하십니까? 꿈을 택한다면, 바로 그 순간 과감히 채색옷부터 벗어 버릴 준비를 해야 합니다.

아홉 번째 이야기

꿈의 대가를 치르다
- 노예

피터 맥윌리암스(Peter McWilliams)라는 작가가 이런 말을 했다고 하죠. ***"Be willing to be uncomfortable. Be comfortable being uncomfortable. It may get touch, but it's a small price to pay for living a dream." "기꺼이 불편함을 택하라. 불편함을 편하게 생각하라. 그것이 아마 힘들지도 모르지만, 그것이 꿈을 꾸며 살아가는 것에 대한 작은 대가이다."*** 꿈을 꾸며 살아가는 사람들은 반드시 그 꿈에 대한 대가를 치르게 되어 있습니다. 절로 이루어지는 꿈은 없습니다. 불편하고 고통스러워도 꿈이 이루어지기까지 참고 인내해야 하는 시간이 반드시 필요합니다. 이는 요셉에게도 예외가 아니었습니다. 그가 꾼 꿈은 단순히 형들에게 미움을 사는 것으로 그치지 않았습니다. 그의 삶의 보금자리를 송두리째 뒤흔들어 놓습니다.

도단

12-17절 말씀에는 요셉이 어떻게 아버지 야곱의 심부름을 받아 헤브론에서 세겜을 거쳐 도단에까지 이르게 되는가를 설명해 줍니다. 요셉은 100km나 되는 긴 여행길을 마다 않고 아버지가 맡긴 사명을 충성되이 감당했습니다. 요셉이 형들을 발견했을 때 드디어 형들을 찾았다 하고 반가웠을 것입니다. 그러나 형들은 저 멀리서 조금씩 다가오는 요셉을 보며 다른 모의를 하고 있었습니다.

18-20절 말씀을 보겠습니다. 그들은 요셉이 아버지의 편애를 받는 것만 해도 못마땅한데 요셉의 꿈대로 요셉이 그들 위에 군림하면 도저히 참고 살 수 있을 것 같지 않았습니다. 그러느니 차라리 지금 죽여 없애 버리는 편이 나을 것 같았습니다. 그리고 아버지로부터 멀리 떨어져 있는 바로 지금이 요셉을 죽여 없애 버릴 수 있는 절호의 기회였습니다. 그들은 요셉에게 꿈을 주신 분이 하나님이신 것을 미처 깨닫지 못했습니다. 꿈을 주신 분이 하나님이시면 꿈을 이루실 분도 하나님이십니다. 하나님이 이루시고자 하시면 아무도 막을 수 없습니다. 그러나 그들은 영적 무지로 인해 감히 하나님께 맞서게 되었습니다. 여기서는 특별히 세 가지 동사에 주목하여 요셉의 형들의 소행을 살펴보고자 합니다.

첫째로, 벗기고

그들은 가장 먼저 요셉의 채색옷을 벗겼습니다. 그들에게 가장 보기 싫은 물건이 세상에 하나 있다고 한다면 그것은 바로 늘 요셉이 밤낮 입고 다니던 채색옷이었습니다. 요셉의 채색옷을 벗긴다 한들 이 옷을 그들이 입을 것도 아니었습니다. 그런데도 미움과 시기심에 불타 우악스럽게 요셉의 채색옷을 벗겼습니다. 채색옷을 벗겼다는 것은 곧 아버지의 사랑의 품에서 요셉을 끌어내었다는 것을 의미합니다.

둘째로, 먹다가

25절에 보면 그들은 요셉이 구덩이 속에서 물도 마시지 못할 때에 앉아 음식을 먹었다고 기록하고 있습니다. 42:21절에 보면 요셉은 형들에게 애걸하였고 형들은 요셉의 마음의 괴로움을 보고도 듣지 않았다고 했습니다. 그들은 구덩이 속에서 살려 달라고 부르짖는 요셉의 울부짖음을 들으면서 음식을 먹었습니다. 사람이 양심에 찔림을 받거나 마음이 불편할 때 두 가지 현상이 일어나는데 하나는 말수가 적어지는 것이고, 다른 하나는 식욕이 사라진다는 것입니다. 그러나 그들은 동생의 고통을 대하면서도 음식이 입으로 들어갔습니다. 양심의 기능이 마비된 것이죠. 그들의 미움과 시기심의 죄가 그들의 양심을 무디게 만들었습니다. 이로 인해 그들은 후에 혹독한 대가를 치르게 됩니다.

셋째로, 팔매

28절을 보겠습니다. 마침 미디안 상인들이 지나갔습니다. 형들은 요셉을 구덩이에서 끌어올려 은 이십에 그를 이스마엘 사람들에게 노예로 팔았습니다. 그들은 성경에 기록된 최초의 인신매매범이 되었습니다. 얼마나 무정한 형들입니까? 사람이 한번 악한 마음을 품기 시작하면 이렇게 무서워집니다. 그나마 요셉을 죽이지 않고 노예로 팔기로 한 것은 유다의 중재 덕분이었습니다. 공교롭게도 예수님을 은 삼십에 판 유다와 이름이 같습니다. 요셉이 노예 신분으로 애굽으로 팔려가게 된 것은 표면적으로는 형들의 미움과 시기심 때문이었습니다. 그러나 후에 요셉은 이 부분을 어떻게 평가합니까? 45:7-8절입니다. ***"하나님이 큰 구원으로 당신들의 생명을 보존하고 당신들의 후손을 세상에 두시려고 나를 당신들보다 먼저 보내셨나니 그런즉 나를 이리로 보낸 이는 당신들이 아니요 하나님이시라 하나님이 나를 바로에게 아버지로 삼으시고 그 온 집의 주로 삼으시며 애굽 온 땅의 통치자로 삼으셨나이다"*** 요셉을 애굽으로 보낸 분은 형들이 아니라 하나님이시라는 것입니다.

애굽

이렇게 해서 요셉은 머나먼 애굽 땅으로 팔려갔습니다. 그곳에는 아버지의 특별한 사랑과 관심 대신 노예로서 받는 멸시와 치욕뿐이었습니다. 휘황찬란하게 빛나는 채색옷 대신 너덜너덜한 노예의 옷을 입었습니다. 그가 꿈을 꾼 대가는 혹독했습니다. 세상에 거저 되는 것은 없었습니다. 반드시 대가가 필요했습니다.

모세는 출애굽을 이끈 역사상 전무한 지도자가 되기 전 40년 동안 미디안 광야에서 양 치는 생활을 보내야 했습니다. 다윗은 이스라엘 역사상 가장 존경받는 왕이 되기 전 13년 동안 사울에게 쫓겨 다니며 죽음의 고통에 시달렸습니다. 요셉도 애굽의 총리가 되기까지 13년 동안 사랑받던 아들에서 노예로, 다시 노예에서 죄수로 말 못 할 오해와 고난과 수난을 겪습니다. 그러나 그가 이 모든 역경을 극복할 수 있었던 것은 단 한 가지, 하나님께서 주신 꿈, 그의 마음 속 깊이 생생하게 자리 잡은 그 꿈이 있었기 때문이었습니다. 야곱이 부모의 품을 떠나 야곱의 하나님을 인격적으로 만났던 것과 같이 요셉도 아버지 야곱의 품을 떠나 낯선 이방 땅 애굽에서 꿈을 현실로 만드시는 요셉의 하나님을 만납니다.

여러분! 어떤 꿈을 간직하고 이 세상을 살고 계십니까? 아직도 야곱의 채색옷, 어느 누군가의 인간적인 사랑과 보호를 찾고 계십니까? 고난 없이 편안하고 안정된 삶을 살고 싶으십니까? 그렇다면 하나님께 나아가 간구해야 할 것입니다. **하나님! 나에게도 꿈을 보여 주십시오. 내 인생에 하나님이 이루고자 하시는 그 놀라운 꿈을 나도 함께 공유하게 해 주십시오. 꿈이 있어서 고난과 역경이 두렵지 않게 해 주십시오.**

29절부터는 요셉이 노예로 팔려 간 이후 각 사람의 반응이 나옵니다. 장자인 르우벤은 요셉을 구출하여 아버지에게로 돌려보내고자 애썼습니다. 그러나 결정적인 순간에 그는 자리에 없었습니다. 뒤늦게 사태를 파악하고 동생에 대한 연민과 아버지에 대한 염려로 고통받습니다. 그러나 나머지 형제들은 양심의 가책도 없이 태연하게 아버지 야곱을 속입니다. 숫염소를 죽여서 요셉의 채색옷에 그 피를 묻히고 아버지 야곱에게 *'우리가 이것을 발견하였으니 아버지 아들의 옷인가 보소서'* 능청스럽게 연기를 합니다. 그리고는 아버지를 위로하는 척합니다. 그들의 행실은 그 모든 것이 계획적이었다는 점에서 매우 악했습니다.

마지막으로 아버지 야곱의 반응은 어떠합니까? 33, 34절을 보십시오. ***"내 아들의 옷이라 악한 짐승이 그를 잡아먹었도다 요셉이 분명히 찢겼도다"*** 울부짖었습니다. 그리고 자기 옷을 찢고 굵은 베로 허리를 묶고 오래도록 그의 아들을 위하여 애통하였습니다. 자식이 죽으면 가슴에 묻는다는 말이 있습니다. 제 큰누나가 몇 년 전 암으로 어머니보다 먼저 세상을 떠났습니다. 그 이후로 한동안 어머니는 우울증 약을 드시지 않으면 잠을 청하지 못하셨습니다. 지금은 신앙으로 잘 극복하시고 날마다 자손들을 위한 기도를 쉬지 않으십니다. 야곱은 사랑하는 아들 요셉을 가슴에 묻었습니다. 그는 후일 그의 고백처럼 참으로 험악한 세월을 보내고 있습니다.

우리가 세상에서 살다 보면 내 뜻대로 안 되는 일이 많이 있습니다. 노력해서 되는 일도 있지만 더러는 노력해도 안 되는 일들도 있습니다. 도리어 더 일이 꼬이고 상황이 안 좋아지기도 합니다. 그럴 때 우리는 쉽게 낙심하고 절망합니다. 우리 모두가 바라는 것은 모든 일이 우리 마음의 소원과 뜻대로 잘 되는 것입니다. 이 뜻을 담고 있는 단어가 바로 **'형통'**입니다. 본문 말씀에서는 아이러니하게 노예로 팔려간 요셉의 이야기를 다루면서 요셉을 **'형통한 자'**라고 소개하고 있습니다. 어떻게 그가 형통한 자가 될 수 있었는지 궁금하지 않으십니까?

형통한 노예

37:36절과 39:1절을 비교해서 읽어보겠습니다. 먼저 37:36절입니다. ***"그 미디안 사람들은 그를 애굽에서 바로의 신하 친위대장 보디발에게 팔았더라"*** 다음 39:1절입니다. ***"요셉이 이끌려 애굽에 내려가매 바로의 신하 친위대장 애굽 사람 보디발이 그를 그리로 데려간 이스마엘 사람의 손에서 요셉을 사니라"*** 중간에 38장은 창세기 저자의 의도한 바가 있어서 37장과 39장 사이에 좀 생뚱맞게 끼워졌습니다. 실제 흐름은 37장에서 39장으로 연결됩니다. 37:36절은 미디안 사람들이 주체가 되어서 표현한 것이고, 39:1절은 바로의 신하 친위대장 보디발이 주체가 되어서 표현한 것입니다. 내용은 같습니다. 저는 요셉을 주체로 해서 표현해 본다면, 요셉이 미디안 상인들에게서 바로의 신하 친위대장 보디발에게로 팔린 것입니다. 여기서 알 수 있듯이, 요셉은 본인의 뜻과 의사와는 전혀 상관없이 미디안 상인들에게서 바로의 신하 친위대장 보디발에게 팔렸습니다. 미디안 상인들은 요셉을 팔아 한 몫 챙겼고, 보디발은 자기 집에 필요한 젊고 건장한 노예를 샀습니다. 사실 진짜 주체는 미디안 상인들도, 보디발도 아닙니다. 누구입니까? 이 만남을 주선하신 하나님이십니다. 어찌 됐건, 이렇게 해서 요셉은 바로의 신하 친위대장 보디발 집의 노예가 되었습니다. 이제 노예의 옷으로 갈아입었습니다. 얼마나 억울했겠습니까? 얼마나 형들이 원망스럽고 미웠겠습니까? 얼마나 고향집이 그립고 아버지 야곱이 그리웠겠습니까? 군대만 가도 어머니 사진 꺼내 놓고 눈물 흘리는데, 외국 땅

에 노예로 팔려갔을 때 17살 소년 요셉의 심정은 얼마나 갈기갈기 찢어졌겠습니까?

스페인어 성경 킹제임스 버전으로 보면, 1절과 2절은 mas 라는 접속사로 연결되어 있습니다. 요즘 표현으로 하면, pero(그러나) 입니다. 잠시 후 살펴보겠지만, 20절과 21절도 같은 구조로 되어 있습니다. 1절에서 요셉이 애굽에 노예로 팔려가게 된 것은 요셉도 원치 않았던 상황이고, 우리 중 누구라도 결코 원치 않을 상황입니다. 그러나 그런 상황이 우리 인생에 반드시 한두 번씩 아니 여러 번씩 생깁니다. 이 상황은 우리가 어떻게 우리 힘으로 바꿀 수 있는 상황이 아닙니다. 그리고 우리가 생각할 때는 왜 그런 상황이 생기는지 이해가 되지 않지만 나중에 지나고 보면 마치 퍼즐을 맞출 때 부분적으로는 그림이 잘 이해가 되지 않지만 나중에 맞추고 보면 그제서야 그림이 다 이해가 되듯이 결과적으로 보면 다 우리 인생에 꼭 필요한 부분이었다는 것을 알게 됩니다. 하여간 1절의 상황은 요셉에게 있어서 너무도 억울하고 분하고 슬프고 운명적인 상황이었습니다. 그러나 우리는 거기서 머물면 안 됩니다. 반드시 2절로 넘어가야 합니다.

2a절을 보겠습니다. 여기서 두 가지 표현에 우리가 주목해야 할 필요가 있습니다. *'여호와께서 요셉과 함께하셨다'* 그리고 *'그가 형통한 자가 되었다'*입니다. 그는 현재 노예 신분입니다. 그런데 하나님께서 함께하시니까 형통한 자가 되었습니다. 다시 말하면 형통한 노예가 되었습니다. 하나님께서 함께하시면 노예라도 보통 노예가 아닙니다. 하

나님께서 함께하시면 이미 우리는 보통 사람들이 아닙니다. 보통 직장인이 아니고 보통 사업가가 아니고 보통 주부가 아니고 보통 학생이 아닙니다. 형통한 직장인, 형통한 사업가, 형통한 주부, 형통한 학생이 됩니다. 그런데 구체적으로 형통한 자가 된다는 말이 무슨 뜻이겠습니까? 요셉이 어떻게 보디발의 집에서 노예로 살며 형통하게 되었는가 살펴보겠습니다.

첫째로, 보디발의 주목을 받는 단계

3절을 보겠습니다. ***"그의 주인이 여호와께서 그와 함께 하심을 보며 또 여호와께서 그의 범사에 형통하게 하심을 보았더라"*** (킹제임스 성경을 직역하면, 하나님께서 그가 하는 모든 일을 그의 손 안에서 형통케 하셨다고 표현하고 있습니다.) 무슨 말입니까? 그가 그의 손으로 무슨 일이든 하기만 하면 그 일이 술술 잘 풀렸다는 것입니다. 다른 사람이 손을 대면 잘 안 되던 일도 요셉이 손을 대기만 하면 바라던 대로 잘 되었다는 것입니다. 그가 하는 모든 일이 다 잘 되니, 일부러 선전하지 않아도, 그의 주인 보디발도 하나님께서 요셉과 함께하시고 요셉이 하는 일마다 형통하게 하시는 것을 깨달았습니다.

둘째로, 보디발의 집의 가정 총무가 되는 단계

보디발은 이제껏 요셉과 같은 사람을 본 적이 없었습니다. 4절에 보면, 급기야 보디발은 요셉을 가정 총무로 삼고 자기의 소유를 다 요셉의 권한 하에 두었습니다. ***"요셉이 그의 주인에게 은혜를 입어 섬기매 그가 요셉을 가정 총무로 삼고 자기의 소유를 다 그의 손에 위탁하니"*** 사실 이는 획기적인 일이었습니다. 보통 가정 총무는 하인들 중에서도 제일 연장자가 맡지 않습니까? 아브라함의 경우 이삭의 결혼을 성사시킨 늙은 종 엘리에셀이 가정 총무였습니다. 거기다 그는 태어날 때부터 아브라함의 종이었습니다. 그런데 불과 17세의 (물론 총무가 되었을 때는 17세보다는 더 나이가 들었겠죠) 젊은 이방인 노예에게 가정 총무를 맡기는 것은 그만큼 보디발이 요셉을 크게 인정했다는 것입니다.

셋째로, 보디발의 집에 하나님의 복이 임하는 단계

보디발의 선택은 제대로 적중했습니다. 5절을 보겠습니다. ***"그가 요셉에게 자기의 집과 그의 모든 소유물을 주관하게 한 때부터 여호와께서 요셉을 위하여 그 애굽 사람의 집에 복을 내리시므로 여호와의 복이 그의 집과 밭에 있는 모든 소유에 미친지라"*** 요셉이 보디발의 집과 그 모든 소유물을 주관하게 된 때부터 하나님께서 보디발의 집에 복을 내리셨습니다. 누구 때문이었습니까? 보디발이 축복받을 만해서 그랬습니까? 5절에 보면 요셉 때문이라고 했습니다 (한글 성경 - '요셉을 위하여', NIV성경 - 'Because of Joseph', '요셉 때문에') 하나님의 복이 보디발의 집에 임한 것은 요셉 때문이었습니다. 요셉이 그 집에 가정 총무로 있었기 때문에 하나님이 그 집을 축복하신 것입니다. 무슨 말씀이 생각납니까? 12:3절이 생각나지요? ***"너를 축복하는 자에게는 내가***

복을 내리고 너를 저주하는 자에게는 내가 저주하리니" 이것이 바로 복의 근원의 개념입니다. 급기야 보디발은 자기 먹을 음식 외에는 자기 집안 소유에 대해서 간섭 자체를 하지 않았습니다. 그만큼 요셉을 신뢰하고 인정했습니다. 9절에 보면, 주인 보디발을 제외하고 그 집에서 요셉보다 큰 사람이 없다고 했습니다. 그만큼 요셉을 높였습니다.

이렇듯 하나님은 비록 노예라는 조건 하에 있었지만 그 조건 하에서 요셉을 최고로 높이셨습니다. 최고로 형통한 노예가 되게 하셨습니다. 그러면 형통한 노예로 계속 보디발 집의 가정 총무로 살면 되겠습니까? 하나님이 아버지의 사랑받는 철없는 소년으로 요셉을 내버려두지 않으신 것처럼 그저 주인에게 인정받는 가정 총무로 요셉을 내버려두지 않으셨습니다.

하나님은 요셉에게 꿈을 주셨습니다. 이 꿈으로 말미암아 요셉은 사랑하는 아버지 품을 떠나 애굽에 노예로 팔려 가는 신세가 되었습니다. 그러나 그곳은 하나님이 주신 꿈이 현실이 될 축복의 땅이었습니다. 우리가 어떤 이유로든 현재 이곳에 와 있는 데에는 하나님이 그 배후에 계십니다. 하나님께서 우리 삶에 이루시고자 하시는 뜻이 있어서입니다. 우리가 하나님이 주시는 꿈을 꾸고 이 땅에서 우리의 꿈을 현실로 만들어 가시는 나의 하나님을 깊이 만나는 축복을 누리기를 간절히 바라고 기도합니다.

열 번째 이야기

꿈에 다가가다
– 죄수

꿈이 이루어지기까지 내가 그리는 설계도대로 단계 단계 순차적으로 일이 진행된다면 얼마나 좋을까요? 그러면 우리가 마음 졸일 일도, 가슴 태울 일도 없이 하루하루 평안을 누릴 수 있겠죠. 그러나 인생이 그렇게 호락호락하지 않죠. 인생은 마치 롤러코스터와 같습니다. 완만하게 상승 곡선을 그리다가 갑자기 하강 곡선을 그리고, 급격하게 커브를 돌고 또 돌았다가, 평탄한 구간도 잠시, 다시 급격하게 치고 올라갔다가 또 다시 급격하게 곤두박질쳤다가… 이미 이탈할 수도 없는 레일 위에서 예측할 수 없는 아찔한 곡예를 견뎌야 하는 것이 때로 우리 인생살이라고 여겨질 때가 있죠. 겨우 안정을 찾은 것 같은 요셉의 인생은 어떻게 펼쳐질까요? 형통한 노예가 요셉의 인생의 종착지가 아니었다는 것은 이미 앞에서 언급을 했습니다. 그렇다면 다음 페이지는 어떻게 쓰일까요?

노예에서 죄수로

6절 하반절에는 갑작스레 요셉의 외모에 대한 언급을 합니다. ***"요셉은 용모가 빼어나고 아름다웠더라"*** 화제를 갑작스럽게 바꾸고 있습니다. 주인에게 인정받는 가정 총무로서도 그는 오랜 시간을 누릴 수 없었습니다. 한 단계 훈련을 통과하였기에 바로 다음 단계 훈련으로 들어갑니다. 7절부터는 어떻게 요셉이 노예의 옷을 벗고 죄수의 옷을 입게 되는가를 보여 줍니다. 이 일에 연루된 사람은 보디발의 아내였습니다. 7절을 보겠습니다. ***"그 후에 그의 주인의 아내가 요셉에게 눈짓하다가 동침하기를 청하니"*** 이 말씀을 기초로 보디발의 아내를 연상해 보면 제일 먼저 떠오르는 느낌이 느끼하다는 것입니다. 보디발 여사의 유혹을 단계별로 분석해 보겠습니다.

첫 번째, 말로 유혹하는 단계

그녀는 굉장히 노골적으로 요셉에게 동침하자고 청하였습니다. 그러나 거절당했습니다. 아마 여주인으로서 자존심이 상했을지도 모릅니다. 10절에 보면, 요셉이 한 번 거절하자 날마다 청하였습니다. 그녀의 유혹 신조는, '열 번 꼬셔 안 넘어가는 남자 없다'였습니다.

두 번째, 몸으로 유혹하는 단계

말로 해서 안 되자, 집에 아무도 없던 틈을 타서 이제는 몸으로 부딪혔습니다. 12절을 보십시오. ***"그 여인이 그의 옷을 잡고 이르되 나와 동***

침하자 그러나 요셉이 자기의 옷을 그 여인의 손에 버려두고 밖으로 나가매" 이쯤 되면 남자로서는 참으로 유혹을 극복하기가 어려워집니다.

그러면, 여기서 요셉의 입장에서 그가 받았을 유혹에 대해서 생각해 보겠습니다. 남자가 위대해지려면 세 가지 유혹을 반드시 극복해야 한다고 합니다. 뭐라고 생각되십니까? 돈과 권력과 여자, 바로 이렇게 세 가지입니다. 저는 처음에 요셉이 그저 한 여자의 유혹을 잘 극복했다는 것만 생각했습니다. 그런데 말씀을 요셉의 입장에서 깊이 묵상해 보니 사실 여기서 요셉이 받은 유혹은 단지 한 여자의 유혹이 아니었습니다. 그녀가 누구였습니까? 주인 보디발의 아내였습니다. 남자는 여자 하기 나름이라고 하지 않습니까? 그녀의 말 한 마디면 요셉의 목이 달아날 수도 있고, 반대로 출셋길이 열릴 수도 있습니다. 요셉은 지금 한 남자로서 부딪힐 수 있는 돈과 권력과 여자, 이 세 가지 모든 유혹 앞에 직면해 있었습니다. 그러면 그가 어떻게 이 유혹을 극복할 수 있었습니까?

첫째, 자기의 자리를 지켰습니다.

요셉은 보디발의 노예였습니다. 현재적으로, 보디발의 집안 소유를 관리하는 가정 총무였습니다. 거기까지가 그의 자리였습니다. ***"요셉이 거절하며 자기 주인의 아내에게 이르되 내 주인이 집안의 모든 소유를 간섭하지 아니하고 다 내 손에 위탁하였으니 이 집에는 나보다 큰 이가 없으며 주인이 아무 것도 내게 금하지 아니하였어도 금한 것은 당***

신 뿐이니 당신은 그의 아내임이라 그런즉 내가 어찌 이 큰 악을 행하여 하나님께 죄를 지으리이까" 그의 자리에서 아무 것도 금해져 있지 않았지만 단 하나 금해져 있는 것은 바로 주인의 아내였습니다. 주인의 아내와 동침하는 것은 이 자리를 벗어나는 것입니다. 요셉은 이 자리를 잘 지켰습니다. 돈과 권력, 출셋길이 달려 있다 해도, 심지어 생명줄이 달려 있다 해도 요셉은 그의 자리를 지켰습니다. 왜요? 9절 하반절에 요셉이 고백합니다. ***"그런즉 내가 어찌 이 큰 악을 행하여 하나님께 죄를 지으리이까"*** 가정 총무로서의 자리를 지키지 않는 것은 주인에게 큰 악이요 하나님께 죄였기 때문입니다. 그는 주인의 종이요 하나님의 종으로서의 자기 자리를 끝까지 잘 지켰습니다.

둘째, 유혹의 자리를 피했습니다.

10절을 보겠습니다. ***"여인이 날마다 요셉에게 청하였으나 요셉이 듣지 아니하여 동침하지 아니할 뿐더러 함께 있지도 아니하니라"*** NIV 성경에는 이렇게 표현되어 있습니다. ***"He refused to go to bed with her or even be with her"*** 요셉은 그녀와 동침하는 것을 거절할 뿐만 아니라 같이 있는 것조차도 거절했습니다. 스페인어 NIV 버전에 보면, *'José mantuvo firme en su rechazo'(요셉이 그의 거절에 있어서 견고함을 유지했다)*라고 기록하고 있습니다. 중요한 것은 요셉이 적극적으로 유혹의 자리를 피했다는 것입니다. 12절에 보면, ***"그 여인이 그의 옷을 잡고 이르되 나와 동침하자 그러나 요셉이 자기의 옷을 그 여인***

의 손에 버려두고 밖으로 나가매"라고 기록하고 있습니다. 입고 있던 옷조차 버려두고 유혹의 자리에서 도망쳐 나왔습니다. 유혹의 자리에서 도망치는 것은 결코 비겁한 것이 아니라 지혜로운 것입니다. 본문을 묵상하면서 우리가 지켜야 할 자리, 피해야 할 자리만 잘 구분해도 성공적인 인생을 살 수 있다는 생각이 듭니다.

그러면, 요셉이 이렇게 훌륭하게 유혹을 이겼으니 모든 사람이 박수를 쳐 주고 칭찬해 줘야 마땅하지 않습니까? 그런데 그렇지 않습니다. 도리어 그동안 쌓아 왔던 신의와 충심에 흠집이 나고 졸지에 강간 미수범으로 몰려 감옥에 갇히는 죄수 신세가 되었습니다. 칸 영화제 여우조연상을 줘도 아깝지 않을 보디발 여사의 탁월한 연기력 때문이었습니다. 13절에 ***"그 여인이 요셉이 그의 옷을 자기 손에 버려두고 도망하여 나감을 보고"*** 여기서부터 바로 연기 모드로 들어갑니다. 그리고 자기 남편 보디발 앞에서도 눈물 연기를 훌륭하게 펼쳐서 결국 요셉을 감옥에 집어넣습니다. 여기서 보디발이 요셉의 무죄와 결백을 알았을 거라는 주장과 몰랐을 거라는 주장이 엇갈립니다. 그러나 제가 볼 때 그것은 크게 중요하지 않습니다. 중요한 것은 보디발이 알았건 몰랐건 사람들은 다시 한번 요셉을 외면했고 버렸다는 것입니다. 이 일이 없었다면 요셉은 주인 보디발을 하나님과 같이 여기고 보디발의 좋은 가정 총무로 평생 살았을지도 모릅니다. 이제 요셉은 보디발 집에서 얻어야 할 것은 다 얻었습니다. 거기서 성장할 수 있는 수준은 충성스러운 가정 총무, 거기까지였습니다. 그러나 이는 하나님의 뜻이 아니었습니다. 이것은 그의 꿈이 이루어지는 길이 아니었습니다. 비록 당장은 아픔과 고통이 있었지만 하나님의 섭리 가운데 꿈을 향하여 나가는 또 다른 관문 앞에 들어서야 했습니다.

형통한 죄수

요셉은 다시 한번 옷을 갈아입어야 했습니다. 이제 노예보다 더 불명예스러운 강간 미수범의 오명을 뒤집어쓰고 죄수의 옷을 입었습니다. 그동안 얼마나 그가 주인 보디발에게 충성했습니까? 주인 보디발이 요셉 때문에 얼마나 물질적으로 축복을 받았습니까? 그런데 이렇게 한순간에 내칠 수 있습니까? 적어도 재판이라도 한번 받게 해 줘야 하는 것 아닙니까? 이 부당한 처사가 너무 억울하고 화나지 않았겠습니까? 다른 한편으로, 하나님도 원망스럽지 않았겠습니까? 하나님 앞에 범죄하지 않으려고 그렇게 몸부림쳤는데 하나님이 이렇게 대우하시다니요? 그러나 성경 어디에서도 그가 보디발을 원망했다거나 하나님께 불평했다는 말은 찾아볼 수 없습니다.

King James 성경에 보면 20절과 21절은 접속사 'But'으로 연결됩니다. 21절을 보겠습니다. ***"(그러나) 여호와께서 요셉과 함께 하시고 그에게 인자를 더하사 간수장에게 은혜를 받게 하시매"*** 그의 주인 보디발은 요셉을 감옥에 가두어 버렸지만, 그러나 하나님은 감옥 속에서도 요셉과 함께하시고 인자를 더하셨습니다. 상황과 조건은 더 나빠졌지만, 여기서 중요한 것은 보디발 집에서 하나님이 요셉과 함께하셨던 것처럼 하나님이 감옥 속에서도 요셉과 함께하시고 그를 형통케 하셨다는 것입니다. 그러면, 이번에는 어떻게 하나님께서 요셉을 감옥에서도 형통케 하시는지 살펴볼 차례입니다.

첫 번째, 간수장의 눈에 은혜를 받는 단계

먼저 21절에 보면, 하나님이 간수장의 눈에 은혜를 받게 했다고 기록하고 있습니다. 4절에도 하나님이 보디발의 눈에 은혜를 받게 했다고 기록하고 있습니다. 하나님께서 우리에게 은혜를 주시면 우리 주위 사람들이 우리를 바라보는 눈이 달라집니다. 이는 하나님께서 우리를 형통케 하시는 첫번째 단계입니다. 우리의 직장 상사가, 학교 선생님이, 우리 가족이, 우리 친구들이 우리를 바라보는 눈이 어떻습니까? 인정과 사랑과 존경의 눈빛입니까? 아니면, 무시와 미움과 멸시의 눈빛입니까? 우리가 하나님께서 우리 주위 사람들이 우리를 바라보는 눈빛에서 은혜를 주시도록 기도해야 하겠습니다.

두 번째, 간수장이 옥중 죄수를 돌보는 일을 맡기는 단계

22절을 보겠습니다. ***"간수장이 옥중 죄수를 다 요셉의 손에 맡기므로 그 제반 사무를 요셉이 처리하고"*** 23절에 보면, 하나님께서 보디발의 집에서 요셉을 형통케 하셨던 것처럼 감옥에서도 그가 하는 모든 일에 형통케 하셨다고 기록하고 있습니다. ***"간수장은 그의 손에 맡긴 것을 무엇이든지 살펴보지 아니하였으니 이는 여호와께서 요셉과 함***

께 하심이라" 얼마나 요셉이 하는 일들마다 하나님께서 형통케 하셨는지 간수장은 요셉의 손에 맡긴 무슨 일이든 다시 살펴볼 필요가 없었습니다. 그는 감옥에서도 형통한 자가 되었습니다. 죄수였지만, 형통한 죄수가 되었습니다.

결론적으로, 본문 말씀 통해서 우리가 형통한 삶을 사는 데 아주 중요한 두 가지 사실을 배울 수 있습니다.

첫째로, 어떤 신분으로 살고 있느냐가 중요한 게 아니라 어떤 자세로 살고 있는가가 중요합니다.

요셉은 노예로, 죄수로 지냈습니다. 그러나 노예처럼, 죄수처럼 살지 않았습니다. 자신에게 주어진 삶에 최선을 다했고, 작은 일에도 충성을 다했습니다. 자신이 어쩔 수 없는 주변 상황들에 분노하거나 좌절하며 자신의 꿈을 해치지 않았습니다. 현재적으로 그가 해야 할 일, 할 수 있는 일을 믿음으로 하며 꿈이 이루어지는 그날까지 그는 계속하여 전진했습니다. 우리가 요셉과 같은 믿음의 자세를 가지고 살 때 어떤 상황 속에서도 형통한 삶을 살 수 있습니다.

둘째로, 어디에 있느냐가 중요한 게 아니라 누구와 있느냐가 중요합니다.

우리는 우리가 어디에 있느냐에 따라서 삶의 태도가 바뀌는 경우가 많습니다. 교회에서는 영적 투쟁을 열심히 하지만, 직장에서나 가정에서, 학교에서는 대충, 적당히 타협하며 살기 쉽습니다. 우리가 어디로 가느냐, 어디에 있느냐가 중요한 게 아닙니다. 본국에 있던, 선교지에 있던, 선진국에 있던, 후진국에 있던 우리와 함께하시는 하나님을 의식하고 살아야 합니다. 하나님은 요셉이 애굽에 있을 때에도 변함없이 요셉과 함께 계셨습니다. 그가 보디발 집에 있을 때나 감옥에 갇혀 있을 때나 늘 요셉과 함께 계시고 그를 형통케 하셨습니다. 하나님과 함께라면 어디서든 형통할 수 있습니다. 요셉뿐 아니라 우리도 하나님과 함께하면 얼마든지 형통할 수 있습니다. 하나님께서 우리 각 사람과 언제 어디서든 함께하시고, 우리가 하는 모든 일에 형통의 축복을 주시기를 간절히 바라고 기도합니다.

열한 번째 이야기

꿈이 성취되다
– 총리

요셉 이야기 네 번째입니다. 첫 번째 이야기에서 요셉을 '꿈꾸는 자'라고 불렀습니다. 두 번째, 세 번째 이야기에서는 '형통한 자'라고 불렀습니다. 네 번째 이야기에서는 요셉을 보고 *'하나님의 영에 감동된 사람'*이라고 부릅니다. 이것이 그가 낡고 초라한 죄수의 옷을 벗고 화려하게 빛나는 세마포 옷으로 갈아입을 수 있었던 비결입니다. 우리는 하루하루를 무엇에 사로잡혀 삽니까? 무엇에 감동되어 삽니까? 이 질문에 대한 답이 우리의 인생을 엄청나게 바꾸어 놓을 수 있습니다. 본문 말씀을 살펴보는 가운데 이 질문에 대한 답을 진지하게 생각하고 나누었으면 좋겠습니다.

본문 말씀은 애굽 왕의 두 관원장, 곧 술 맡은 관원장, 떡 굽는 관원장과 요셉과의 만남으로 시작됩니다.

꿈 해석

4절을 보겠습니다. 사람이 살아가는 데 있어서 가장 기본이 되면서도 중요한 일이 먹고 마시는 일입니다. 떡(빵) 굽는 관원장은 말 그대로 왕이 먹을 빵을 굽는 일을 총괄하는 사람이었고, 술 맡은 관원장은 왕이 식사할 때 주류를 시중드는 사람이었습니다. 그런데 궁중 안에는 왕에 대한 음모와 책략이 항상 도사리고 있기 때문에 왕이 먹고 마시는 음식과 주류를 담당하는 사람이라면 굉장히 신임할 만한 사람이어야 했습니다. 때로 술을 왕에게 드리기 전에 먼저 마셔 보기도 해야 했습니다. 이들은 상당한 고관이었고, 그만큼의 권력과 명예와 부도 누렸습니다. 그런데 이들이 동시에 애굽 왕에게 범죄한 사건이 발생했습니다. 무슨 일이 있었는지 우리가 정확히 알기는 어렵지만, 분명한 것은 애굽 왕이 굉장히 분노했다는 것입니다. 그래서 요셉이 갇혀 있던 감옥에 가두어 버렸습니다. 그런데 4절에 보면, 시위대장이 요셉에게 그들을 수종 들도록 명하였습니다. 이렇게 해서 요셉은 애굽 왕의 측근들과 가까이서 접촉할 수 있는 기회를 얻게 되었습니다. 그럼, 여기서 요셉이 어떤 자세로 이들을 섬겼는가 생각해 보도록 하겠습니다.

첫째로, 근심 빛을 살폈습니다.

6절을 보겠습니다. 요셉이 아침에 들어가 보니 두 관원장에게 근심 빛이 있었습니다. 요셉은 그들을 보자마자 안색부터 살폈습니다. 그리고 단번에 그들에게 근심이 있는 것을 눈치챘습니다. 근데 본래 그는 눈치가 빠른 사람이 아니었습니다. 눈치 없이 형들의 과실을 아버지에게 고하여 형들의 미움을 샀던 그였습니다. 형들이 받게 될 책망과 상처, 그리고 이후에 형들과의 관계성이 깨질 것은 전혀 생각지 못했었습니다. 그런데 지금은 곁눈질로 한 번만 봐도 상대방이 근심이 있는가 없는가 알아차릴 만큼 눈치가 빠른 사람이 되었습니다. 그렇지만 다른 사람의 근심을 눈치챘다고 해서 모든 사람들이 다 돕고자 하지는 않습니다. 도리어 부담을 느끼고 더 멀리하는 사람들이 많습니다. 그런데 요셉은 어떻게 합니까? ***"당신들이 오늘 어찌하여 근심 빛이 있나이까"*** 그들에게 다가가 묻습니다. 사실 그는 자기 문제만 해도 감당하기 버거운 사람이었습니다. 형들의 미움을 사 낯선 이방 땅 노예로 팔려와 10년을 노예로 살다가 이제는 억울하게 강간 미수범 누명까지 뒤집어쓰고 기약 없는 감옥살이하고 있는 중입니다. 다른 사람까지 챙길 마음의 여유를 부릴 수가 없었습니다. 그런데 요셉에게는 놀랍게도 다른 사람을 돌아볼 마음의 여유가 있었습니다. 이런 요셉을 볼 때 생각나는 성경 인물이 있지 않습니까? 다윗이 생각나죠. 그는 사울 왕의 질투와 시기로 쫓겨 다니며 죽음의 위기에 몰렸습니다. 무려 13년을 도망자 신세로 살았습니다. 요셉의 10년 노예 생활, 3년 감옥살이와 견줄 만합니다. 그런데 이런 다윗의 주변에 환난당한 모든 자, 빚진 모든 자, 마음이 원통한 자가 다 몰려들었습니다. 그리고 다윗은 내일 일을 알 수 없는 아슬아슬하고 불안한 도망자의 삶을 살며 여러 환난당한 자들의 목자가 되었습니다.

둘째로, 꿈을 해석해 주었습니다.

요셉이 얘기를 들어 보니 두 관원장의 근심은 그들이 간밤에 꾼 꿈에 기인하였습니다. 그들은 감옥에 갇혀 있으니 그 꿈을 해석해 줄 사람이 없다고 생각하고 낙심해 있었습니다. 그러자 요셉이 말합니다. ***"해석은 하나님께 있지 아니하니이까 청컨대 내게 고하소서"*** 그런데 이 말을 분석해 보면 해석은 하나님께 있는데 자기에게 꿈을 고하라고 합니다. 이것이 여기서 우리가 생각해 보고자 하는 포인트인데, 이 부분은 뒤에서 다시 생각해 보겠습니다. 어쨌든 먼저 술 맡은 관원장이 자기가 꾼 꿈을 요셉에게 말합니다. 꿈의 내용은 다음과 같았습니다.

포도나무에 세 가지가 있고 싹이 나서 꽃이 피고 포도송이가 익었습니다. 그리고 술 맡은 관원장이 포도를 따서 그 즙을 바로의 잔에 짜서 바로의 손에 드립니다. 요셉의 해석은 다음과 같았습니다. 사흘 안에 바로가 그의 머리를 들고 그의 전직을 회복하여 다시금 그가 바로의 잔을 그 손에 받들게 된다는 것입니다. 떡 굽는 관원장이 가만히 요셉의 말을 듣다 보니 해석이 좋습니다. 그러니까 자신도 용기를 내어 자기가 꾼 꿈을 요셉에게 고합니다. 꿈의 내용은 다음과 같았습니다. 흰 떡 세 광주리가 그의 머리에 있고 그 위 광주리에 바로를 위하여 만든 각종 구운 식물이 있는데 새들이 그의 머리의 광주리에서 그것을 먹는 내용이었습니다. 요셉의 해석은 다음과 같았습니다. 사흘 안에 바로가 그의 머리를 끊고 나무에 달게 되어 새들이 그의 고기를 뜯어먹게 된다는 것입니다. 삼일 후 바로의 생일이 되어 정말 요셉의 해몽대로 술 맡은 관원장은 전직을 회복하였고, 떡 굽는 관원장은 매여 달렸습니다.

우리의 짧은 생각으로는 이제 술 맡은 관원장의 도움으로 요셉이 누명을 벗고 감옥에서 풀려나는 일만 남은 것 같습니다. 14-15절을 보면, 요셉이 술 맡은 관원장에게 자기의 사정을 바로에게 고하여 자신을 감옥에서 풀어 주도록 부탁합니다. 그런데, 요셉의 스토리는 우리가 생각하는 대로 그렇게 쉽게 진행되지 않습니다. 23절을 보십시오. ***"술 맡은 관원장이 요셉을 기억지 않고 잊었더라"*** 차라리 술 맡은 관원장을 안 만났다면 기대나 하지 않았을 텐데 이건 또 무슨 경우입니까? 감옥에 있는 동안 날마다 섬겨 주고 꿈까지 해몽해 줬는데, 요셉을 기억지 않고 잊었다니 어떻게 이럴 수 있습니까? 요셉 입장에서 참으로 분통 터지지 않았겠습니까? 요셉은 다시 한 번 사람에게 상처받고 버림받았습니다. 그러나 여기에도 하나님의 선하신 뜻이 있었습니다.

첫째로, 아직 하나님의 때가 되지 않았습니다.

신앙생활하는 데 있어서 가장 어려운 점 중의 하나가 때를 분별하기가 어렵다는 것입니다. 아브라함과 사라도 하나님의 때가 언제인지 몰라 조바심 내다가 결국 인간적인 방법으로 이스마엘을 낳기에 이릅니다. 이스마엘을 낳고도 13년 후에 하나님께서 아브라함에게 나타나시어 책망하시고 1년이 더 지나 드디어 이삭을 낳게 되었습니다. 요셉도 하나님께서 자신을 감옥에서 풀어 주실 때가 언제인가 그 부분이 분명치 않았던 것 같습니다. 아마 술 맡은 관원장의 꿈을 해석해 주며 이제 때가 됐나 보다 생각했을지 모릅니다. 그러나 술 맡은 관원장이 요셉을 잊지 않고 기억해 주어서 바로 풀려나게 되었다면 어떻게 되었겠습니까? 바로의 꿈을 해몽할 일도 없고 그러면 애굽의 총리가 되는 일도 없었을 것입니다. 더 좋은 때는 아직 오지 않았던 것입니다. 요셉은 아직 하나님의 때를 더 기다려야만 했습니다.

둘째로, 요셉이 철저히 하나님만 바라보게 하셨습니다.

요셉은 술 맡은 관원장이 복직될 것을 생각할 때 갑자기 그를 의지하는 마음이 생겼습니다. 그가 복직된 후 바로에게 말만 잘 해 주면 자신도 기약 없는 이 감옥 생활을 청산하고 자유의 몸이 될 수 있을 것 같았습니다. 그러나 요셉의 기대는 철저히 무너졌습니다. 사실 사람은 기대하고 의지할 대상이 되지 못합니다. 술 맡은 관원장은 2년 동안 요셉을 기억조차 하지 않았습니다. 그의 관심은 오로지 그의 복직이었지 감옥에서 만난 요셉 따위는 안중에도 없었습니다. 그러나 하나님은 우리를 잊는 일이 없으십니다. 언제 어느 때나 우리를 기억하십니다. 우리의 형편이 좋을 때나 그렇지 않을 때나 늘 지켜보시고 동행하여 주십니다. 우리는 어떤 경우에도 이 하나님을 바라보고 하나님의 때를 기다려야 합니다.

바로의 꿈

다시 감옥에서 만 2년이 흘러갔습니다. 그런데 이번에는 바로가 꿈을 꿉니다. 하수에서 올라온 흉하고 파리한 일곱 암소가 먼저 올라온 아름답고 살진 일곱 암소를 먹는 꿈이었습니다. 그리고 또 다른 꿈을 연이어 꾸는데, 한 줄기에서 나온 가늘고 동풍에 마른 일곱 이삭이 먼저 나온 무성하고 충실한 일곱 이삭을 삼키는 꿈이었습니다. 바로는 아침에 그 마음이 번민하여 사람을 보내어 애굽의 점술가와 현인들을 모두 불러 꿈을 말하였습니다. 그런데 그것을 바로에게 해석하는 자가 아무도 없었습니다. 이때 조용히 생각에 잠긴 한 사람이 있었으니, 바로 술 맡은 관원장이었습니다. 그는 바로의 꿈 이야기를 들으면서 지난 2년 동안 잊고 지냈던 요셉의 얼굴이 떠올랐습니다. 그리고 자기를 감옥에서 건져 달라고 간청하던 요셉의 음성도 기억났습니다. 그는 그제서야 바로에게 요셉이 떡 굽는 관원장과 자신이 꾼 꿈을 해석해 주었고, 그 해석대로 그대로 이루어진 이야기를 고했습니다. 이때 바로의 반응이 어떠합니까?

14절을 보십시오. 바로는 앞뒤 가리지 않고 바로 요셉을 불러들이라고 명하였습니다. 명을 받은 사람들은 급하게 요셉을 감옥에서 나오게 했습니다. 그리고 요셉은 수염을 깎고 옷을 갈아 입고 바로에게 들어갔습니다. 드디어 요셉은 죄수의 옷을 벗었습니다. 그리고 바로의 앞에 섭니다. 15절을 보겠습니다. ***"바로가 요셉에게 이르되 내가 한 꿈을 꾸었으나 그것을 해석하는 자가 없더니 들은즉 너는 꿈을 들으면 능히 푼다 하더라"*** 애굽의 절대 통치자인 바로가 일개 노예 청년이었던 요셉에게 자신의 문제를 놓고 도움을 구하고 있는 이 장면을 보십시오. 참으로 놀라운 반전이 아닙니까? 그런데도 요셉은 조금도 평정심을 잃지 않았습니다. 자! 이때 요셉의 반응을 보겠습니다.

첫째, 하나님을 증거했습니다.

16절입니다. ***"요셉이 바로에게 대답하여 이르되 내가 아니라 하나님께서 바로에게 편안한 대답을 하시리이다"*** 요셉은 할 말이 많은 사람이었습니다. 얼마든지 자신을 드러낼 수도 있었습니다. 이 기회를 살려 얼마든지 자신의 억울함을 풀어주도록 호소할 수도 있었습니다. 그러나 그는 자신의 처지에 대해선 입을 닫고 자신을 부인하고 다만 하나님께서 바로에게 편안한 대답을 하실 것이라고 하나님을 증거했습니다. 그는 참으로 하나님의 사람이었습니다.

둘째, 하나님께서 하실 일을 증거했습니다.

애굽의 점술가들과 달리 요셉은 꿈을 듣자마자 해석하였습니다. 25절을 보겠습니다. ***"요셉이 바로에게 아뢰되 바로의 꿈은 하나라 하나님이 그가 하실 일을 바로에게 보이심이니이다"*** 바로가 꾼 꿈은 하나님께서 하실 일을 계시하신 것이었습니다.

셋째, 바로가 해야 할 일을 조언했습니다.

요셉은 꿈만 해석해 놓고 내 할 일 다 했다 하지 않았습니다. 구체적으로 먼저 명철하고 지혜 있는 사람을 택하여 애굽 땅을 다스리게 하고, 나라 안에 감독관들을 두어 풍년 동안에 곡물을 모아 두고 흉년을 대비하도록 조언하였습니다. 이는 그동안 보디발의 가정 총무로 섬기는 동안, 그리고 감옥의 제반 일을 섬기는 동안 익힌 노하우를 발휘한 것이었습니다. 이를 볼 때 그간의 그의 고난과 역경이 하나도 헛되지 않았음을 알 수 있습니다.

애굽의 총리가 된 요셉

37절을 보겠습니다. 바로와 그의 모든 신하가 요셉의 제안을 좋게 여겼습니다. 그리고 바로는 즉석에서 요셉을 애굽의 총리로 임명하였습니다. 40-41절 말씀을 보겠습니다. 그가 요셉을 애굽의 총리로 임명한 근거는 두 가지입니다.

첫째, 하나님의 영에 감동된 사람

38절을 보겠습니다. ***"바로가 그의 신하들에게 이르되 이와 같이 하나님의 영에 감동된 사람을 우리가 어찌 찾을 수 있으리요 하고"*** (NIV 성경 표현대로 하면 하나님의 영이 그 안에 있는 사람입니다.) 요셉은 꿈꾸는 자였습니다. 보디발 집에서나 감옥에서나 형통한 자였습니다. 형들이 자신을 죽이려 하고 노예로 팔아 버렸어도 그들을 미워하지 않았습니다. 보디발 여사가 자신을 감옥에 가두어 버렸어도 낙심하고 실망하지 않았습니다. 자신을 상하거나 해치지 않고 하나님을 원망하고 불평하지도 않았습니다. 어떻게 그렇게 할 수 있었습니까? 그 안에 언제 어디서나 하나님의 영이 거했기 때문입니다. 그가 하나님과 늘 교제하고 동행하는 생활을 했기 때문입니다. 이때 모든 분노와 절망을 이기고 날마다 하나님을 의지하고 마음의 평안을 누릴 수 있었습니다. 우리는 하루하루 누구와 교제하고 누구와 동행합니까? 우리 안에도 날마다 매 순간 하나님의 영이 함께 하십니까?

둘째, 명철하고 지혜 있는 자

39절을 보겠습니다. ***"요셉에게 이르되 하나님이 이 모든 것을 네게 보이셨으니 너와 같이 명철하고 지혜 있는 자가 없도다"*** 하나님의 영이 늘 그 안에 거하고 하나님과 교제하는 삶을 살 때 그보다 더 명철 있고 지혜 있는 자가 있을 수 없습니다. 하나님이 이 모든 것을 그에게 보이셨다고 바로가 증거하고 있습니다. 그러므로 하나님과 교제하는 자가 가장 명철하고 지혜 있는 자가 될 수밖에 없습니다.

드디어 요셉은 노예의 옷, 죄수의 옷을 벗고 세마포 옷을 입고 총리가 되었습니다. 손에는 인장 반지를 끼고, 목에는 금 사슬을 걸고, 바로의 두 번째 좋은 차에 탔습니다. 느끼한 보디발 여사 대신 훨씬 젊고 아름다운 아스낫과 결혼합니다. 두 아들도 얻습니다. 요셉은 그들의 이름을 각각 므낫세, 에브라임이라 하였습니다. 므낫세는 *'하나님이 내게 내 모든 고난과 내 아버지의 온 집 일을 잊어버리게 하셨다'*, 에브라임은 *'하나님이 나를 내가 수고한 땅에서 번성하게 하셨다'*는 뜻입니다. 요셉은 그의 인생을 하나님 편에서 보았습니다. 하나님이 그의 모든 고난과 아버지의 온 집 일을 잊어버리게 하셨고, 하나님이 그가 수고한 땅에서 번성하게 하셨다고 고백했습니다. 이 고백을 들어 보십시오. 기억하고 싶지 않은 과거들이 잊혀질 만큼 하나님이 크게 축복하셨습니다. 고통과 탄식의 땅이 그가 도리어 번성하는 축복의 땅이 되었습니다. 이것이 요셉의 강점입니다. 이것이 요셉의 신앙입니다. 이것이 요셉의 인생 소감입니다. 그가 늘 하나님의 영과 교제하고 하나님과 동행하는 삶을 살았기 때문에 모든 것을, 심지어 고통과 역경까지도 하나님의 시각으로 볼 수 있었습니다. 요셉은 풍년의 때에 곡식을 잘 저장해 두었습니다. 그리고 흉년의 때에 온 지면에 기근이 있어 각국에서 요셉에게 몰려옵니다.

세상에는 하나님의 영에 감동된 사람, 명철하고 지혜 있는 자가 필요합니다. 사람들이 다 잘 사는 것 같아 보이지만 그들은 인생의 나아갈 길을 몰라 고민하고 갈등하고 방황합니다. 바로와 같이 권세와 부와 명예를 가진 자라도 마찬가지입니다. 세상을 구원할 사람, 사람들을 진정으로 돕고 섬길 수 있는 사람은 하나님의 영에 감동된 사람입니다. 우리가 날마다 하나님과 교제하고 하나님과 동행하며 하나님의 영에 감동된 사람이 되길 바라고 기도합니다.

야곱의 가족의 소망

열두 번째 이야기

꿈이 현실이 되다
– 재회

세상에서 제일 아름다운 말이 무엇이라고 생각하십니까? 많은 사람들이 아마도 이 질문에 **'사랑'**이라고 대답할 것입니다. 그런데 정말 사랑이 사랑다워지려면 반드시 동반되어야 할 두 가지가 있습니다. 바로 **'회개'**와 **'용서'**입니다. 그래서 저는 **'회개'**와 **'용서'**라는 말도 **'사랑'** 못지않게 참으로 아름다운 말이라는 생각이 듭니다. 예수님께서 우리를 사랑하신 사랑은 용서의 사랑입니다. 그러나 용서를 위해서는 반드시 회개가 전제되어야 합니다. 사실 죄를 깨닫지도, 뉘우치지도 않는데 무조건 용서하는 것은 진정한 의미의 용서라고 할 수 없습니다. 용서라기보다는 방관이라고 해야 맞을 겁니다. 창세기 42장에서 45장까지는 요셉과 형들과의 만남, 형들의 회개 그리고 요셉의 용서의 사랑에 대해서 한 편의 드라마와 같이 아름답게 그려집니다. 42장에서 44장까지 말씀을 살펴보며 요셉의 형들이 하나님 앞에 죄를 회개하는 과정을 공부하고자 합니다. 일반적으로 이 본문을 공부할 때 요셉의 입장에서 어떻게 형들을 훈련하고 용서하는가에 포인트를 두는 경우가 많습니다. 여기에서는 요셉의 형들의 입장에서 이 본문을 살펴보고 다음 이야기에서 다시 요셉의 입장에서 이 본문을 재조명해 보고자 합니다.

요셉의 형들은 누구인가?

본문 말씀은 야곱이 아들들에게 애굽에 가서 양식을 사 오도록 재촉하는 내용으로 시작됩니다. 우리가 잘 알고 있는 바와 같이 온 땅에 기근이 있어 먹을 양식이 없었습니다. 요셉의 이야기를 시작할 때 우리는 사실 이것이 요셉의 이야기가 아니라 야곱의 가족의 이야기라는 것을 확인했습니다 (37:2). 39장부터 41장까지는 요셉이 어떻게 애굽 땅에서 노예에서 총리의 자리에까지 오르게 되는지에 초점이 맞추어져 있었습니다. 42장부터 44장까지는 요셉의 형들이 애굽의 총리가 된 요셉을 만나 어떻게 회심의 과정을 거치고 하나님께 쓰임받을 만한 사람들로 변화받는지에 초점이 맞추어져 있습니다.

여기서 먼저 우리가 한 가지 생각해 보아야 할 중요한 것은 요셉의 형들이 누구인가 하는 것입니다. 이제까지 공부한 내용만 가볍게 살펴보자면, 시기심으로 동생 요셉을 노예로 팔아 넘긴 피도 눈물도 없는 파렴치한 사람들, 나중에는 총리가 된 동생 요셉에게 빌붙어서 사는 염치 없는 사람들로 그려져 있습니다. 그러나 그들은 하나님의 구속사에 있어서 매우 중요한 위치를 차지하고 있는 사람들입니다. 이스라엘 열

두 지파를 이룰 기둥 같은 사람들이었습니다. 하나님 편에서 굉장히 중요한 사람들이라는 것입니다. 그런데 하나님께서 사람을 쓰실 때 분명한 원칙이 있습니다. 높은 자는 낮추고 낮은 자는 높이는 것입니다. 또 죄가 있는 자는 회개시키고 회개한 자는 용서하시는 것입니다. 그런데 죄를 회개치 않는 사람은 아무리 능력이 있고 재능이 많아도 하나님께서 쓰실 수 없습니다. 하나님께서 요셉의 형들을 어떻게 다루시는가 보면 이를 더 깊이 이해할 수 있습니다. 하나님은 요셉의 형들을 이스라엘의 열두 지파를 이룰 기둥 같은 사람들로 쓰시기 원하셨습니다. 그러나 쓰임받기에 그들은 너무나 치명적인 죄를 범했습니다. 하나님은 이를 다루시고 그들이 회개하고 쓰임받을 수 있는 기회를 주시기를 원하셨습니다. 이런 이해 가운데 이 본문 말씀을 공부해야 합니다.

하나님께서 요셉의 형들을 어떻게 다루시는가?

첫째, 하나님을 깊이 인식하도록.

요셉의 형들은 아버지 야곱의 방향을 따라 애굽에 곡식을 사러 내려갔습니다. 42:6절을 보겠습니다. ***"때에 요셉이 나라의 총리로서 그 땅 모든 백성에게 곡식을 팔더니 요셉의 형들이 와서 그 앞에서 땅에 엎드려 절하매"*** 이 말씀을 보면서 무슨 생각이 납니까? 9절에 보면, 요셉이 그들에게 대하여 꾼 꿈을 생각했다고 했습니다. 꿈이 생각나지요. 그런데 요셉의 형들은 지금 아무것도 모릅니다. 요셉은 하나님의 대행

자가 되어 형들을 테스트하고 회개할 기회를 주고자 일단 그들을 정탐꾼으로 몹니다. 그러나 그들은 아무것도 모릅니다. 애굽의 총리가 자기 동생인지 꿈에도 생각지 못합니다. 난데없이 애굽의 총리가 자신들을 정탐꾼들로 모는데 얼마나 황당했을까요? 아무리 아니라고 주장해도 도대체 애굽 총리가 믿어 주지 않습니다. 애굽의 틈을 엿보러 왔다고 막무가내로 우깁니다. 자신들의 결백을 밝힌다고 한 게 일이 더 꼬였습니다. 막내 동생 얘기를 괜히 꺼내서 더 의심을 삽니다. 결국 삼일간 감옥에 갇힙니다. 곡식 사러 왔다가 정탐꾼으로 몰리더니 결국 감옥에까지 갑니다.

왜 그들이 이런 일을 당합니까? 요셉의 복수 때문입니까? 물론 그렇지 않습니다. 하나님이 하시는 일이 있기 때문입니다. 우리 인생 가운데 잘 이해가 되지 않는 일들이 생길 때 우리가 어떻게 해석해야 합니까? 그렇습니다. 하나님이 하시는 일이 있다고 믿어야 합니다. 이 황당한 일을 당하면서 그들이 주고받는 대화가 무엇입니까? ***"그들이 서로 말하되 우리가 아우의 일로 말미암아 범죄하였도다 그가 우리에게 애걸할 때에 그 마음의 괴로움을 보고도 듣지 아니하였으므로 이 괴로움이 우리에게 임하도다"*** 누가 먼저랄 것도 없이 서로 말했습니다. 르우벤은 동생들에게 자신의 말을 듣지 않아서 결국 요셉의 피값을 치르게 되었다고 원망했습니다. 아무도 그들에게 요셉의 이야기를 꺼내지 않았습니다. 그런데 그들은 자신들의 지나간 과거를 다루시는 하나님을 인식합니다. 자신들의 삶을 감찰하시는 하나님을 인식합니다.

28절을 보겠습니다. ***"그가 그 형제에게 말하되 내 돈을 도로 넣었도 다 보라 자루 속에 있도다 이에 그들이 혼이 나서 떨며 서로 돌아보며 말하되 하나님이 어찌하여 이런 일을 우리에게 행하셨는가 하고"*** 요셉이 그들의 자루 속에 돈을 도로 넣어 놓은 것을 확인한 그들은 이번에도 하나님을 생각합니다. 그리고 하나님이 한 이 일이 무엇이냐고 서로 돌아보며 말합니다. 그들은 이 일을 하나님이 하셨다고 말합니다. 그리고 왜 하나님이 이 일을 하셨는지 생각합니다. 그들은 과거에 동생을 죽이려고 했을 때, 동생을 노예로 팔아 버렸을 때, 아버지 야곱에게 요셉이 짐승에게 찢겨 죽였다고 거짓말했을 때 하나님을 생각하지 않았습니다. 하나님을 인식하지 않았습니다. 하나님을 두려워하지 않았습니다. 그랬던 그들이 이제는 하나님을 생각하고 하나님을 인식하고 하나님을 두려워합니다.

둘째, 진실되게 자신들의 죄를 회개하도록.

42:36-38절에 보면, 요셉의 형들의 이야기를 들은 야곱은 요셉도 없어졌고 시므온도 없어졌는데, 베냐민까지 없어질까 두려워 르우벤의 강청에도 불구하고 베냐민을 애굽에 보내지 않았습니다. 그러나 43장에 보면, 계속되는 기근으로 다시 양식이 떨어지게 되었고, 하는 수 없이 다시 곡식을 사야만 했습니다. 야곱은 괜한 동생 얘기를 해서 자기를 해롭게 한다고 요셉의 형들을 나무랐습니다. 이때 유다가 말합니다. ***"저 아이를 나와 함께 보내시면 우리가 곧 가리니 그러면 우리와***

아버지와 우리 어린 아이들이 다 살고 죽지 아니하리이다 내가 그를 위하여 담보가 되오리니 아버지께서 내 손에서 그를 찾으소서 내가 만일 그를 아버지께 데려다가 아버지 앞에 두지 아니하면 내가 영원히 죄를 지리이다" 자기가 책임을 지겠다고 말합니다. 이제 야곱의 결단의 시간입니다. 14절을 보겠습니다. ***"전능하신 하나님께서 그 사람 앞에서 너희에게 은혜를 베푸사 그 사람으로 너희 다른 형제와 베냐민을 돌려보내게 하시기를 원하노라 내가 자식을 잃게 되면 잃으리로다"*** 야곱은 전능하신 하나님께 이 문제를 맡겼습니다. 이 부분은 잠시 후 다시 다루도록 하겠습니다.

요셉의 형들은 갑절의 돈을 들고 다시 애굽의 총리 앞에 섰습니다. 그런데 갑자기 총리 집으로 인도되었습니다. 그들은 두려워 떨며 생각하기를 자신들을 노예로 삼고 나귀를 빼앗으려 함이라 하였습니다. 그러나 의외로 총리는 시므온도 옥에서 빼내어 주고 관대하게 대해 주었습니다. 그리고 그들이 식사를 위해 앉는데, 그들의 나이에 따라 자리가 정해진 것을 보고 서로 이상히 여겼습니다. 그러나 별 탈 없이 총리와 함께 즐거이 먹고 마셨습니다.

그러나 이 즐거움은 그다지 오래가지 못했습니다. 그들은 시므온도 되찾고 베냐민도 다치지 않고 애굽 총리의 식사 대접까지 받고 다음날 기분 좋게 성읍을 나갔습니다. 그런데 아직 멀리 가기 전에 갑자기 애굽 총리의 청지기가 따라와 다짜고짜 *'어찌하여 선을 악으로 갚느냐'* 호통을 치는 것이 아니겠습니까? 그리고 뜬금없이 총리의 은잔을 내놓

으라는 것이었습니다. 그들은 자신 있게 말했습니다. ***"당신의 종들 중 누구에게서 발견되든지 그는 죽을 것이요 우리는 내 주의 종들이 되리이다"*** 그런데 참으로 황당한 일이 벌어집니다. 12절을 보십시오. ***"그가 나이 많은 자에게서부터 시작하여 나이 적은 자에게까지 조사하매 그 잔이 베냐민의 자루에서 발견된지라"*** 총리의 잔이 베냐민의 자루에서 발견된 것입니다. 이때 유다의 반응이 어떠합니까?

16절을 보겠습니다. ***"유다가 말하되 우리가 내 주께 무슨 말을 하오리이까 무슨 설명을 하오리이까 우리가 어떻게 우리의 정직함을 나타내리이까 하나님이 종들의 죄악을 찾아내셨으니 우리와 이 잔이 발견된 자가 다 내 주의 노예가 되겠나이다"*** 유다는 다시 하나님이 자신들의 죄악을 찾아내셨다고 증언합니다. 그들에게 있어서 분명한 것 한 가지는 하나님께서 자신들의 숨겨진 죄를 다루고 계시다는 것이었습니다. 그리고 담담히 하나님의 징계를 받아들이고자 했습니다. 기꺼이 노예가 되겠다고 말합니다. 그들은 옥에 갇히기도 하고 노예가 될 상황에도 처합니다. 자신들이 노예가 될 수밖에 없는 이 상황에서 그들은 다시 그 옛날 20여년 전 동생 요셉을 노예로 팔았던 기억을 떠올렸을 것입니다.

유다가 고백하는 바 그들의 죄악은 무엇을 가리킵니까? 총리의 은잔을 훔친 것을 말하는 것입니까? 사실 그들은 베냐민이 그 잔을 훔친 것이 아님을 잘 알고 있었습니다. 그들의 죄악은 다름 아닌 동생 요셉을 노예로 팔아 버린 죄악을 말합니다. 그 죗값을 지금 치르고 있다고 믿고 있습니다. 그런데 애굽 총리는 베냐민만 종으로 삼고 나머지는 풀어 주겠다고 말합니다. 하고자만 하면 베냐민만 노예로 남기고 자신들은 자유롭게 집으로 돌아갈 수 있었습니다. 그들은 이제 선택의 갈림길에 놓였습니다. 자신들의 안전과 행복을 위해 요셉을 팔아 버렸던 것처럼 베냐민만 노예로 남겨 두고 집으로 떠날 것인가? 아니면 어떤 모양으로든 베냐민을 살릴 것인가? 이때 유다의 선택이 무엇입니까?

30-34절 말씀을 보겠습니다. ***"아버지의 생명과 아이의 생명이 서로 하나로 묶여 있거늘 이제 내가 주의 종 우리 아버지에게 돌아갈 때에 아이가 우리와 함께 가지 아니하면 아버지가 아이의 없음을 보고 죽으리니 이같이 되면 종들이 주의 종 우리 아버지가 흰 머리로 슬퍼하며 스올로 내려가게 함이니이다 주의 종이 내 아버지에게 아이를 담보하기를 내가 이를 아버지께로 데리고 돌아오지 아니하면 영영히 아버지께 죄짐을 지리이다 하였사오니 이제 주의 종으로 그 아이를 대신하여 머물러 있어 내 주의 종이 되게 하시고 그 아이는 그의 형제들과 함께 올려 보내소서 그 아이가 나와 함께 가지 아니하면 내가 어찌 내 아버지에게로 올라갈 수 있으리이까 두렵건대 재해가 내 아버지에게 미침을 보리이다"***

이 말씀에서 얼마나 유다가 이전과 달라져 있는가 확인해 볼 수 있습니다. 그는 말로만 자신의 죄를 회개치 않았습니다. 지난날의 과오를 되풀이하지 않으려고 구체적으로 자신을 희생하고자 하였습니다. 베냐민 대신 기꺼이 자신이 노예가 되고자 하였습니다. 하나님은 요셉의 형들이 이와 같이 자신들의 죄를 깊이 회개하고, 회개에 합당한 열매를 맺기를 바라셨습니다. 죄를 단순히 후회하는 것과 회개하는 것에는 큰 차이가 있습니다. 무슨 차이가 있습니까? 가장 결정적인 차이는 그에 합당한 열매가 있느냐 없느냐입니다. 즉 구체적으로 삶이 달라졌느냐 그렇지 않느냐입니다. 그는 과거에 자신을 위해 동생을 노예로 팔아 버린 자였습니다. 자신의 안녕을 위해 동생을 희생시켰습니다. 그에게 중요한 것은 오직 자신이었습니다.

그런데 지금은 자신보다 동생을 더 생각하고 아버지를 더 생각합니다. 아버지와 동생의 안녕을 위해 이제 자신을 희생시킵니다. 예전에는 자신밖에 몰랐는데 이제는 다른 사람에 대한 깊은 이해가 생겼습니다. 이런 태도를 우리는 ***'성숙'***이라고 합니다. 그는 예전에 참으로 미숙한 사람이었습니다. 그뿐 아니라 요셉의 형들이 모두 미숙한 사람들이었습니다. 자신밖에 몰랐습니다. 다른 사람을 헤아릴 줄도, 배려할 줄도 몰랐습니다. 다른 사람이 얼마나 고통받고 가슴 아픈지 이해할 줄 몰랐습니다. 그러나 이제 그들은 아버지의 마음을 알게 되었습니다. 자식을 잃은 아버지의 한 맺힌 눈물을 이해할 수 있게 되었습니다. 하나님이 쓰시는 사람은 이와 같이 진실되게 회개하고 회개에 합당한 열매를 맺는 사람입니다. 이 진실된 회개를 통해 요셉의 형들은 이스라엘 열두 지파의 족장들이 되어 하나님의 구속 역사의 주인공들로 귀하게 쓰임 받을 수 있었습니다. 특별히 유다는 그 자손 가운데서 메시아가 탄생하는 영적 장자로서의 큰 축복을 누리게 되었습니다.

하나님께서 야곱을 어떻게 연단하시는가?

하나님께서 야곱에게도 하시는 일이 있었습니다. 다시 43장으로 돌아와서 유다가 자기가 책임지겠다고 하며 베냐민을 데리고 가도록 허락을 구했을 때 야곱의 반응이 어떠했습니까? 11-14절을 읽겠습니다.

"그들의 아버지 이스라엘이 그들에게 이르되 그러할진대 이렇게 하라 너희는 이 땅의 아름다운 소산을 그릇에 담아가지고 내려가서 그 사람에게 예물로 드릴지니 곧 유향 조금과 꿀 조금과 향품과 몰약과 유향나무 열매와 감복숭아이니라 너희 손에 갑절의 돈을 가지고 너희 자루 아귀에 도로 넣어져 있던 그 돈을 다시 가지고 가라 혹 잘못이 있었을까 두렵도다 네 아우도 데리고 떠나 다시 그 사람에게로 가라 전능하신 하나님께서 그 사람 앞에서 너희에게 은혜를 베푸사 그 사람으로 너희 다른 형제와 베냐민을 돌려보내게 하시기를 원하노라 내가 자식을 잃게 되면 잃으리로다"

먼저, 예물을 준비하였습니다. 다음으로 지난번 식량 값까지 포함하여 갑절의 돈을 가지고 가게 하였습니다. 이는 참으로 신중한 태도였습니다. 그리고 마지막으로 베냐민도 데리고 떠나라고 말할 때에 야곱의 신앙이 드러납니다. ***"전능하신 하나님께서 그 사람 앞에서 너희에게 은혜를 베푸사 그 사람으로 너희 다른 형제와 베냐민을 돌려보내게 하시기를 원하노라 내가 자식을 잃게 되면 잃으리로다"***

그는 사람이 살고 죽고 하는 문제가 사람에게 달려 있는 것이 아니라 하나님께 달려 있음을 잘 알았습니다. 그리고 전능하신 하나님께서 은혜를 베푸시기만 하면 시므온과 베냐민이 반드시 살아올 것을 믿었습니다. 그러나 한편으로 자신의 뜻을 하나님이 반드시 이루어 주시도록 조르는 것이 아니라 자신이 하나님의 뜻에 순복하겠다는 것을 분명히 밝힙니다. 그는 자기가 아무리 자식을 잃기 원치 않아도 하나님이 그렇게 하시면 잃을 수밖에 없다는 것을 깊이 영접했습니다. 그리고 이 문제를 그저 겸허히 하나님의 손에 맡겼습니다. *'내가 자식을 잃게 되면 잃으리로다'* 사실 야곱은 순순히 하나님의 뜻을 받아들이던 사람이 아니었습니다. 마지막까지 자기 인간적인 노력으로 자기가 이루고자 하는 바를 위해 저돌적으로 부딪히던 사람이었습니다. 그러나 이제 그는 요셉의 사건을 겪으면서 인생이 자기 뜻대로만 살아지는 것이 아님을 깊이 깨달았습니다. 전능하신 하나님의 은혜가 필요하고 때로는 하나님의 뜻에 내 뜻을 순복시켜야 하는 것을 깊이 영접했습니다. 그는 자신이 움켜쥐던 것을 다 내려놓았습니다. 요셉뿐 아니라 이제 마지막 남은 베냐민까지도 자신의 손에서 내려놓고 있습니다. 이것이 진정한 의미의 성숙이고, 진정한 의미의 신앙입니다. 인생을 살다 보면 우리가 붙들고 있는 것을 놔야 할 때가 반드시 있습니다. 이것만큼은 꼭 하며 놓지 않고자 하는 것이 있을 수 있습니다. 그러나 그것도 결국엔 놔야 합니다. 그래야 하나님께서 우리 대신 책임져 주실 수 있습니다.

하나님은 요셉의 형들과 야곱을 괴롭히시고 못살게 구시려고 본문의 사건을 만드신 것이 아니라 그들에게 회개하고 변화받고 쓰임받을 수 있는 기회를 친히 제공해 주신 것입니다. 회개할 수 있는 기회를 주신 것이, 그래서 쓰임받을 수 있는 기회를 주신 것이 얼마나 큰 은혜요 감사 제목입니까? 우리가 죄를 돌이켜 진실되게 회개하기만 하면 하나님께서 어떤 죄라도 용서해 주시고 우리를 하나님의 구속 역사 가운데 주인공들로 귀하게 들어 쓰십니다. 은혜의 하나님, 소망의 하나님을 찬양합니다. 우리가 이 하나님을 믿고 우리 인생을 이 하나님께 내어 맡기고 성숙한 믿음의 사람들이 되기를 간절히 바라고 기도합니다.

열세 번째 이야기

소망을 생각하다
– 용서

지금까지 요셉의 형제들, 그 중에서도 특히 유다가 자신의 죄를 진실하게 회개하는 장면을 목격했습니다. 이번에는 회개한 형들을 용서하는 요셉의 성숙함을 엿볼 수 있습니다. 여기서 우리가 생각해 보아야 할 것은, 요셉이 자신의 형들을 용서할 수 있었던 비결이 무엇이었는가 하는 것입니다. 저는 그 비결이 요셉이 자신의 인생을 어떻게 해석했느냐 하는 관점에 있다고 생각합니다. 우리가 우리 인생을 어떻게 해석하느냐에 따라서 우리 인생의 결말이 전혀 달라질 수 있습니다. 요셉이 그의 인생 가운데 일어난 사건들을 어떤 관점으로 해석했는지 한번 살펴보겠습니다.

41장으로 거슬러 올라가 보지요. 바로의 꿈을 해석한 후에 요셉은 바로의 절대적인 후원과 신임으로 애굽의 총리가 되었습니다(41:38-45). 요셉은 그의 나이 열일곱 살 때에 애굽으로 팔려 왔습니다. 그리고 이제 나이 서른이 되어 바로 앞에 섰습니다(41:46). 요셉은 자신에게 맡겨진 직무를 충실하게 감당했습니다. 칠 년 흉년의 때를 대비하여 칠 년 풍년 동안의 곡물을 거두어 각 성에 저장하였습니다(41:46-49). 흉년이 들기 전에 요셉에게 두 아들이 태어났습니다(50-52). 두 아들의 이름을 보면 이제 아버지와 형들에 대한 기억은 잊고, 애굽의 총리로서 부와 명예를 누리며 행복하게 살고 있는 듯 보입니다. *(므낫세; 하나님이 내게 내 모든 고난과 내 아버지의 온 집 일을 잊어버리게 하셨다, 에브라임; 하나님이 나를 내가 수고한 땅에서 번성하게 하셨다)*. 그러나, 아무리 잊으려고 애쓴다 해도 가족을 잊어버리는 것은 거의 불가능에 가깝습니다. 그래서 '피는 물보다 진하다'고 하지 않습니까? 제아무리 애굽에서 큰 성공을 거두었다 할지라도, 여전히 가족을 그리워할 수밖에 없었습니다. 그렇다면, 왜 요셉은 아버지와 형들을 찾으려고 노력하지 않았을까요? 아버지 집에 사람을 보내서 적어도 가족의 안부를 확인할 수 있지 않았을까요? 그러나 그는 그렇게 하지 않았습니다. 여기서 요셉이 어떤 관점으로 자기 인생을 바라보고 있었는지 생각해 보아야 합니다. 만일 그가 단순히 형들이 시기심으로 인해 자신을 노예로 팔았다고 생각했다면, 형들을 용서하기 위해서든, 아니면 형들에게 복수를 하기 위해서든, 가족을 찾았을 것입니다. 비록 형들이 자신을 노예로 판 것이 사실이라 할지라도, 요셉은 분명 다른 관점에서 이 사건을 바라보고 있었을 것입니다.

정탐꾼

42장을 보면, 형들이 곡식을 사러 왔을 때, 요셉은 한눈에 형들을 알아보았습니다. 그러나 전혀 내색하지 않았습니다(42:8). 형들에게 대하여 꾼 꿈을 생각하고 그들이 정탐꾼이라고 몰아붙였습니다(42:9-12). 그리고는 시므온을 감옥에 가두고, 나머지 형들은 베냐민을 데리고 돌아오도록 명했습니다(42:18-20). 43장에 보면, 요셉의 형들은 베냐민을 데리고 요셉 앞에 섰습니다(43:15). 요셉은 아버지의 안부를 물은 후, 동생 베냐민을 보았습니다. 그리고는 동생을 사랑하는 마음이 복받쳐 급히 울 곳을 찾아 안방으로 들어가서 울었습니다(43:27-30). 실컷 울고 난 후에 얼굴을 씻고 나와서 그 정을 억제하고 형들과 베냐민을 위해 음식을 차리도록 했습니다(43:31-34). 44장에 보면, 형들을 시험하기 위해서 베냐민의 자루 아귀에 자신의 은잔을 넣도록 했습니다(44:1,2). 그리고 유다로부터 베냐민 대신 자신이 요셉의 종이 되겠다는 결단을 듣습니다(44:30-34). 요셉의 형들은 이제 요셉을 노예로 팔던 때의 그 형들이 아니었습니다.

이제는 45장 말씀 묵상을 시작해 보죠. 1절을 보겠습니다. ***"요셉이 시종하는 자들 앞에서 그 정을 억제하지 못하여 소리 질러 모든 사람을 자기에게서 물러가라 하고 그 형제들에게 자기를 알리니 그 때에 그와 함께 한 다른 사람이 없었더라"*** 요셉은 그 정을 더 이상 억제하지 못했습니다. 다른 말로 하면, 이제까지는 그 정을 억제하고 있었다는 얘기가 되겠죠. 요셉은 형들을 시험하고 훈련하며 여러 번 눈물을 흘렸습니다(42:24; 43:30). 아마도 처음 형들을 보았을 때부터 형들에게 묻고 싶었을지 모릅니다. '왜 나를 노예로 팔아 넘겼냐?' '정말 그렇게까지 해야 했냐?' 동생 베냐민을 보았을 때, 당장 자신이 형이라고 말하고 힘껏 끌어안아 주고 싶었을지 모릅니다. 그러나 그는 그 정을 억제했습니다. 아름다운 재회를 위해, 그에게는 한 가지 확인해야 할 것이 있었습니다. 그것은 바로 형들의 진실된 회개였습니다. 그리고 요셉은 유다의 말을 통해 형들의 회개를 확인했습니다. 그리고 이제 형들에게 자신의 실체를 드러냅니다. 애굽 사람들이 다 들을 정도로 큰 소리로 울었습니다(2).

3절 상반절을 보겠습니다. ***"요셉이 그 형들에게 이르되 나는 요셉이라 내 아버지께서 아직 살아 계시나이까"*** 그러자, 요셉의 형들의 반응이 어떠했습니까? 3절 하반절을 보죠. ***"형들이 그 앞에서 놀라서 대답하지 못하더라"*** 요셉의 형들은 너무 놀라서 입을 다물지 못했습니다. 그러자 요셉은 형들에게 더 구체적으로 자신의 정체를 드러냅니다. 4절입니다. ***"요셉이 형들에게 이르되 내게로 가까이 오소서 그들이 가까이 가니 이르되 나는 당신들의 아우 요셉이니 당신들이 애굽에 판 자라"*** 이 말은 들은 요셉의 형들이 얼마나 놀랐을까요? 다른 한편으로, 얼마나 두려웠을까요? 왜냐하면, 자신들이 노예로 팔아 버린 동생 요셉이 지금은 절대 권력을 가진 애굽의 총리가 되어 있었으니, 그 결말은 너무 뻔하지 않겠습니까? 가까이 가서 보니 정말 동생 요셉이라는 것을 확인할 수 있었습니다. 아마도 너무 놀란 나머지 그대로 발이 얼어붙어 버리지 않았을까요? 애굽의 총리가 된 요셉의 복수를 생각하며 두려움에 휩싸였을 것입니다.

생명을 구원하시려고

여기서 엄청난 반전을 볼 수 있습니다. 5절부터 8절까지 말씀을 보죠. ***"당신들이 나를 이 곳에 팔았다고 해서 근심하지 마소서 한탄하지 마소서 하나님이 생명을 구원하시려고 나를 당신들보다 먼저 보내셨나이다 이 땅에 이 년 동안 흉년이 들었으나 아직 오 년은 밭갈이도 못하고 추수도 못할지라. 하나님이 큰 구원으로 당신들의 생명을 보존하고 당신들의 후손을 세상에 두시려고 나를 당신들보다 먼저 보내셨나니 그런즉 나를 이리로 보낸 이는 당신들이 아니요 하나님이시라 하나님이 나를 바로에게 아버지로 삼으시고 그 온 집의 주로 삼으시며 애굽 온 땅의 통치자로 삼으셨나이다"***

요셉의 형들은 애굽 총리의 의심을 받던 순간부터 하나님을 인식하기 시작했습니다. 그들이 하나님을 인식했을 때, 그들은 근심하고, 한탄했습니다. 42:21절을 살펴보죠. ***"그들이 서로 말하되 우리가 아우의 일로 말미암아 범죄하였도다 그가 우리에게 애걸할 때에 그 마음의 괴로움을 보고도 듣지 아니하였으므로 이 괴로움이 우리에게 임하도다"*** 42:35절도 볼까요? ***"각기 자루를 쏟고 본즉 각 사람의 돈뭉치가 그 자루 속에 있는지라 그들과 그들의 아버지가 돈뭉치를 보고 다 두려워하더니"*** 43:18절도 보죠. ***"그 사람들이 요셉의 집으로 인도되매 두려워하***

여 이르되 전번에 우리 자루에 들어 있던 돈의 일로 우리가 끌려가는도다 이는 우리를 억류하고 달려들어 우리를 잡아 노예로 삼고 우리의 나귀를 빼앗으려 함이로다 하고" 44:16절도 살펴보겠습니다. ***"유다가 말하되 우리가 내 주께 무슨 말을 하오리이까 무슨 설명을 하오리이까 우리가 어떻게 우리의 정직함을 나타내리이까 하나님이 종들의 죄악을 찾아내셨으니 우리와 이 잔이 발견된 자가 다 내 주의 노예가 되겠나이다"*** 그러나, 요셉은 형들에게 근심하지도 말고 한탄하지도 말라고 말합니다. 왜냐하면 요셉은 형들과는 다른 관점을 가졌기 때문이었습니다. 요셉이 어떤 관점에서 이 사건을 보고 있는지 생각해 보죠.

첫째, 하나님의 주권

5절과 7절, 8절에 보면, 세 번에 걸쳐서 문장의 주어가 *'하나님이'*로 되어 있습니다. 요셉은 이 사건을 하나님의 주권 편에서 보고 있었습니다. 일반적인 관점에서 보면, 요셉의 형들이 시기와 미움 때문에 요셉을 노예로 팔아버린 것이 명백한 사실이죠. 그렇다면, 문장의 주어는 마땅히 *'요셉의 형들이'*로 되어 있어야 합니다. 그러나 요셉은 하나님이 그렇게 하셨다고 해석했습니다. 왜요? 왜냐하면 하나님이 허락하지 않으시면 나뭇잎 하나도 떨어지지 않기 때문입니다. 다른 말로 하면, 요셉의 형들이 요셉을 노예로 팔았을 때, 하나님이 그것을 허락하시지 않았다면, 이 사건이 일어나지 않았을 것이라는 말입니다. 이 땅에서 벌어지는 모든 일들은 하나님이 그것을 허락하셨기 때문에 벌어지는 것입니다. 하나님이 허락하지 않으시면, 우리 마음대로 태어나지도, 죽지도 못한다는 것입니다. 요셉의 형들이 요셉을 노예로 판 것만 해당되는 것이 아닙니다. 요셉이 보디발의 집으로 팔려간 것도, 감옥에서 두 관원장과 만나 그들의 꿈을 해석해 준 것도, 바로의 꿈을 해석해 주고 애굽의 총리가 된 것도, 하나님이 다 컨트롤하고 계셨기 때문에 벌어진 일이라는 것입니다. 우리가 이 땅에 태어나는 것도, 결혼하는 것도, 자녀를 낳는 것도, 하나님이 다 컨트롤 하고 계시기 때문에 생겨나는 일이라는 것입니다. 하나님의 주권이 개입되어 있다는 것이죠. 성경에서 하나님의 주권을 가장 잘 설명해 주는 단어가 바로 '*토기장이*'입니다.

"너희의 패역함이 심하도다 토기장이를 어찌 진흙 같이 여기겠느냐 지음을 받은 물건이 어찌 자기를 지은 이에게 대하여 이르기를 그가 나를 짓지 아니하였다 하겠으며 빚음을 받은 물건이 자기를 빚은 이에게 대하여 이르기를 그가 총명이 없다 하겠느냐 (이사야 29:16)" ***"질그릇 조각 중 한 조각 같은 자가 자기를 지으신 이와 더불어 다툴진대 화 있을진저 진흙이 토기장이에게 너는 무엇을 만드느냐 또는 네가 만든 것이 그는 손이 없다 말할 수 있겠느냐*** (이사야 45:9)" ***"그러나 여호와여, 이제 주는 우리 아버지시니이다 우리는 진흙이요 주는 토기장이이시니 우리는 다 주의 손으로 지으신 것이니이다*** (이사야 64:8)" ***"진흙으로 만든 그릇이 토기장이의 손에서 터지매 그가 그것으로 자기 의견에 좋은 대로 다른 그릇을 만들더라*** (예레미야 18:4)" ***"여호와의 말씀***

이니라 이스라엘 족속아 이 토기장이가 하는 것 같이 내가 능히 너희에게 행하지 못하겠느냐 이스라엘 족속아 진흙이 토기장이의 손에 있음 같이 너희가 내 손에 있느니라 (예레미야 18:6)" ***"토기장이가 진흙 한 덩이로 하나는 귀히 쓸 그릇을, 하나는 천히 쓸 그릇을 만들 권한이 없느냐*** (로마서 9:21)"

진흙이 토기장이의 손안에 있는 것처럼, 우리 인생은 하나님의 손안에 있습니다. 우리는 종종 우리가 원하는 대로 우리 인생을 컨트롤할 수 없다는 생각을 합니다. 왜요? 우리 스스로 우리 인생을 컨트롤할 수 없기 때문입니다. 우리 인생의 주권자가 있음을 알아야 합니다. 우리가 하나님이 하셨다고 고백하면서 하나님의 주권을 받아들이면, 어떤 일이 일어날까요? 다른 사람들에 대하여 더 이상 불평하거나 저주하거나 원한을 품지 않게 됩니다. 우리가 불평하는 것은 우리 인생이 다른 사람들에게 달려 있다고 생각하기 때문입니다. 그래서 우리의 부모, 조상, 정부에 탓을 돌립니다. 그러나 우리 인생에서 일어나는 모든 일들은 하나님의 손안에 있습니다. 하나님께서 우리에게 허용하시는 일이 실제 우리 삶에 일어난다는 것입니다. 그래서 우리 눈으로 보는 것들, 우리 귀로 듣는 것들은 그것이 좋은 것이든 나쁜 것이든, 하나님께서 허락하신 것입니다. 그래서 우리가 다른 사람에 대해서 불평할 이유가 없습니다. 우리 자신을 괴롭게 할 필요도 없고, 우리 자신에 대해서 연민을 느낄 이유도 없습니다. 왜냐하면 하나님이 모든 것을 허락하셨기 때문입니다. 하나님의 주권 편에서 우리 인생을 보는 것은 매우 중요합니다. 왜냐하면 하나님의 주권 편에서 우리 인생을 보지 않으면, 쉽게 부정적이 되고, 운명주의에 빠지게 되기 때문입니다.

날 때부터 맹인 된 한 사람의 이야기를 나누고 싶습니다. 요한복음 9장에 보면, 날 때부터 맹인 된 사람이 있었습니다. 이 맹인을 보던 제자들의 얼굴이 갑자기 심각해져서는 예수님께 질문을 던집니다. ***"랍비여 이 사람이 맹인으로 난 것이 누구의 죄로 인함이니이까 자기니이까 그의 부모니이까"*** 예수님의 대답은 무엇이었습니까? ***"이 사람이나 그 부모의 죄로 인한 것이 아니라 그에게서 하나님이 하시는 일을 나타내고자 하심이라"*** 이 사람의 죄 때문도, 그 부모의 죄 때문도 아니라, 하나님이 하시는 일을 나타내고자 하심이라고 예수님은 말씀하십니다. *'나타내고자 하시는 하나님의 일이 있다'* 이렇게 예수님의 제자들은 하나님의 관점에서 이 맹인의 인생을 바라보아야 했습니다.

요셉에게는 하나님의 주권 편에서 그의 인생을 조명할 수 있는 지혜와 믿음이 있었습니다. 그래서 보디발의 집에 노예로 있었을 때, 억울하게 감옥에 갇혀 있었을 때, 그는 항상 그의 인생에 하나님이 하시는 일이 있다고 믿었고, 또한 하나님의 주권을 믿었습니다. 그래서 그는 자신의 마음을 형들에 대한 증오와 원망으로 채우는 데 그의 귀한 인생을 낭비하지 않았습니다. 그는 하나님의 일을 위해 자신을 준비하고 스스로를 연단했습니다.

우리 인생은 하나님의 손안에 있습니다. 누가 우리 인생을 컨트롤합니까? 하나님이 하십니다. 그렇다고 한다면, 우리가 우리 인생에 일어나는 일들로 인해 안타까워할 이유가 없습니다. *'저 사람하고 결혼하지만 않았더라면…' '더 좋은 대학에 들어갔었더라면…'* 다른 사람에 대해서 혹은 우리의 상태나 조건에 대해서 불평할 필요가 없습니다. *'더 풍요로운 집안에 태어났더라면…' '부모님 사랑과 섬김을 더 많이 받았더라면…' '내가 조금만 더 똑똑했더라면…'* 다른 사람을 미워할 이유도 없습니다. *'내 인생에 저 사람만 나타나지 않았더라면, 내 인생이 전혀 달라졌을 텐데…' '저 사람만 아니었으면, 내가 더 성공했을 텐데…'* 이런 생각들은 전혀 우리에게 도움이 되지 않고, 아무 쓸모없는 생각들입니다. 이런 관점을 가지고는 아무것도 얻을 수 없습니다. 항상 하나님이 하시는 일을 생각하며 적극적이고 긍정적으로 우리 인생을 살아갈 수 있기를 바랍니다.

둘째, 하나님의 섭리

다음으로, 요셉은 하나님의 섭리 편에서 자신의 인생을 보았습니다. 5절 하반절을 보겠습니다. ***"하나님이 생명을 구원하시려고 나를 당신들보다 먼저 보내셨나이다"*** 7절도 보겠습니다. ***"하나님이 큰 구원으로 당신들의 생명을 보존하고 당신들의 후손을 세상에 두시려고 나를 당신들보다 먼저 보내셨나니"*** 8절도 보겠습니다. ***"그런즉 나를 이리로 보낸 이는 당신들이 아니요 하나님이시라 하나님이 나를 바로에게 아버지로 삼으시고 그 온 집의 주를 삼으시며 애굽 온 땅의 통치자로 삼으셨나이다"***

하나님께서 우리 인생을 다스리신다는 것을 확인했습니다. 그런데 중요한 것은 어떻게 우리 인생을 다스리시느냐 하는 것입니다. 하나님께서 우리 인생을 어떤 원칙도 없이 그냥 감정대로 다스리신다면, 얼마나 우리 인생이 비참하겠습니까? 그러나 하나님은 우리 인생에 그의 주권을 적용하실 때 명백한 원칙을 가지고 계십니다. 그 원칙은 바로 '선'입니다. 하나님은 오직 선을 위해서만 그의 주권을 적용하십니다. 모든 것을 선을 위해서 계획하시고, 준비하시고, 실행하십니다. 비록 과정 중에는 우리가 다 이해할 수 없지만, 마침내 하나님은 모든 것을 합력하여 선을 이루십니다. 이것을 우리는 *'하나님의 섭리'*라고 부릅니다. 요셉은 하나님의 섭리를 잘 이해했고, 하나님의 섭리를 신뢰했습니다. 하나님께서 요셉을 애굽으로 보내셨을 때, 어떤 섭리를 가지고 계셨을까요? 5절에 보면, *'생명을 구원하시려고'* 라고 했습니다. 7절에 보면, *'당신들의 생명을 보존하고 당신들의 후손을 세상에 두시려고'*라고 했습니다. 요셉은 애굽의 총리가 된 과정을 생각하면서 보디발의 집에 팔려간 것, 그리고 감옥에서 두 관원장의 꿈을 해석한 것이 하나님의 섭리 아래 바로의 꿈을 해석하고 애굽의 총리가 되기 위한 길이었음을 깨닫게 되었습니다. 그리고 하나님께서 요셉이 애굽의 총리가 되게 하신 것이 생명을 구원하기 위한 것, 특별히 세상에 이스라엘 자손을 남겨 두시기 위함이었음을 깨닫게 되었습니다. 그래서, 그는 총리가 된 후 자기 가족을 찾는 대신, 모든 것이 합력하여 하나님의 섭리를 이루기까지 하나님의 때를 기다렸던 것입니다. 우리가 우리 인생을 해석할 때, 하나님의 구속 역사 편에서 해석하는 것이 굉장히 중요합니다. 하나님께서 우리 인생을 다스리실 때, 한 가지 변하지 않는 흐름이 있습니다. 그것은 바로 모든 사람을 구원하시는 것입니다. 우리가 우리 인생을 하나님 편에서 보면, 하나님께 원망 불평할 이유가 없습니다. 왜냐하면 하나님께서는 항상 선을 이루시기 위해서 우리 인생을 다스리시기 때문입니다.

로마서 8:28절에는 이렇게 말씀합니다. ***"우리가 알거니와 하나님을 사랑하는 자 곧 그의 뜻대로 부르심을 입은 자들에게는 모든 것이 합력하여 선을 이루느니라"*** 요셉의 인생은 하나님께서 모든 것이 합력하여 선을 이루게 하신 인생입니다. 하나님은 생명을 구원하시려고 요셉을 그의 형들보다 먼저 애굽에 보내시고, 그를 바로에게 아버지로 삼으시고, 그 온 집의 주로 삼으시며, 애굽 온 땅의 통치자로 삼으셨습니다. 하나님은 요셉의 인생을 통해 그들의 후손을 살리시고, 오늘날 우리에게까지 축복의 물줄기, 구원 역사의 물줄기를 계승하게 하셨습니다. 그래서 요셉의 인생이 아름답고 경이롭습니다. 요셉의 꿈은 산산조각난 듯했습니다. 그러나 그렇지 않았습니다. 다만 퍼즐 조각을 맞추고 나서 흩어진 조각들이 아름다운 그림을 완성하듯, 그의 꿈이 현실이 되게 하시는 하나님의 섭리가 있었을 뿐입니다.

이제, 요셉은 그의 아버지와 그의 형제들을 애굽에 초청합니다. 요셉은 동생 베냐민의 목을 안고 울기 시작했습니다. 그리고 형들과 입맞추며 안고 울었습니다. 하나님의 섭리 아래서, 그들은 평화로운 형제들로 거듭났습니다. 바로도 그의 신하들과 함께 기뻐했습니다. 바로는 요셉의 가족을 애굽에 초청했습니다. 22절에 보면, 요셉은 형들에게 옷 한 벌씩을 주었습니다. 어떤 옷을 주었을까요? 아마도 형들을 위로하기 위해서 예전에 요셉이 입었던 것처럼, 아니 그보다 더 고급지고 아름다운 채색옷을 주지 않았을까요? 요셉의 형들은 채색옷을 입은 요셉을 그렇게도 미워했었습니다. 베냐민에게는 은 삼백과 옷 다섯 벌을 주었습니다. 그러나 형들 중 누구도 불평하거나 시기하지 않았습니다.

이 모든 이야기를 다 듣고 난 야곱의 반응은 어땠을까요? 26절에 보면, 요셉의 형제들이 그의 아버지에게 모든 사실을 알렸을 때, 야곱은 그들의 말을 도저히 믿을 수가 없었습니다. 요셉이 자기를 태우려고 보낸 수레를 보고서야 기운이 소생했습니다. ***"내가 자식을 잃게 되면 잃으리로다"*** 야곱은 자식을 바치는 심정으로 베냐민을 애굽으로 데려가도록 허락할 수밖에 없었습니다. 그런데 베냐민만 살아 돌아온 것이 아니라, 잃은 줄만 알았던 요셉이 아직 살아 있어서 애굽의 총리가 되었다는 믿기지 않는 얘기를 전해 들었습니다. 아마도 하나님의 놀라운 섭리에 감동하여 감사의 눈물을 흘리고 또 흘렸을 것입니다. 야곱의 고백을 들어볼까요? ***"족하도다 내 아들 요셉이 지금까지 살아 있으니 내가 죽기 전에 가서 그를 보리라"***

요셉은 부정적인 관점에서 그의 인생을 바라보지 않았습니다. 하나님의 주권과 섭리 편에서 긍정적으로 자신의 인생을 바라보았습니다. 그래서 그의 삶은 행복한 결말을 맺게 됩니다. 삶이 어두워 보이십니까? 인생이 부정적으로만 보이십니까? 그렇다면, 이 시간 하나님의 주권과 섭리에 대해서 깊이 묵상해 보시길 바랍니다. 우리 삶을 주관하셔서 모든 것이 합력하여 선을 이루게 하시고, 우리의 삶을 아름답고 위대하게 만드시는 그 하나님을 신뢰합시다.

열네 번째 이야기

소망을 말하다
– 예언

지금까지 야곱과 그의 가족의 이야기를 살펴보며 야곱의 변화, 요셉의 형들의 회개, 요셉의 신실함에 대해서 배웠습니다. 이제 야곱의 가족의 이야기를 마무리하고자 합니다. 하나님께서 한 사람 아브람을 부르시고 그에게 약속하셨습니다. ***"내가 너로 큰 민족을 이루어 네 이름을 창대하게 하리니 너는 복이 될지라"*** 그로 큰 민족을 이루겠다고 하셨습니다. 본문 말씀에서 하나님은 야곱에게 새로운 약속의 말씀을 주셨습니다. ***"내가 거기서 너로 큰 민족을 이루게 하리라"*** 하나님은 큰 민족을 이루시기로 한 약속을 점진적으로 이루고 계셨습니다. 본문 말씀을 통해서 이 하나님에 대해서 묵상해 보고자 합니다. 하나님의 말씀을 굳게 붙들고 약속의 땅, 곧 하나님 나라에 소망을 둔 위대한 믿음의 사람 야곱과 요셉의 믿음을 배우기를 소원합니다.

가서 그를 보리라

45:26절에 보면, 요셉의 형제들이 가나안에 도착해서 아버지 야곱에게 말합니다. ***"요셉이 지금까지 살아 있어 애굽 땅 총리가 되었더이다 (26)"*** 그러자 야곱이 말합니다. ***"족하도다 내 아들 요셉이 지금까지 살아 있으니 내가 죽기 전에 가서 그를 보리라 (28)"*** 야곱은 두 가지 이유 때문에 애굽에 내려가고자 했습니다. 첫째는, 죽기 전에 요셉을 보기 위해서였습니다. 둘째는, 기근을 피하기 위함이었습니다. 46:1절 보죠. ***"이스라엘이 모든 소유를 이끌고 떠나 브엘세바에 이르러 그의 아버지 이삭의 하나님께 희생제사를 드리니"*** 모든 소유를 이끌고 떠났다고 했습니다. 무슨 말입니까? 단순한 방문이 아니었던 거죠. 애굽으로의 이주를 단행합니다. 요셉을 얼마나 그리워했을지 생각해본다면, 당장 애굽으로 내려가야 맞았습니다. 그러나 먼저 브엘세바에 가서 희생 제사를 드렸다고 했습니다. 애굽으로 내려가기 전에 희생 제사를 드렸어야 했던 이유를 알아볼 필요가 있을 것입니다.

브엘세바는 야곱의 할아버지 아브라함과 아버지 이삭의 자취가 남아 있는 역사적인 곳이었습니다. 브엘세바는 아브라함이 아비멜렉과 맹세한 곳입니다(21:31). 에셀 나무를 심고 영원하신 하나님의 이름을 불렀던 곳입니다(21:33). 오랫동안 삶의 터전으로 삼았던 곳입니다(21:34, 22:19). 하나님께서 이삭에게 나타나셔서 이삭의 자손이 번성하게 하시겠다고 약속하신 곳입니다(26:24). 이삭은 그곳에 제단을 쌓고, 하나님의 이름을 부르며 거기 장막을 쳤습니다(26:25). 이렇게 브엘세바는 아브라함과 이삭이 하나님의 이름을 부르고 하나님께 예배하던 곳이었습니다. 그리고 아버지 이삭이 하나님의 약속의 말씀을 받은 곳이었습니다. 제 생각에 야곱은 애굽에 내려가면서 하나님의 약속을 기억했습니다. 하나님께서 주신 약속의 땅은 가나안이었습니다. 애굽은 금지된 땅이었습니다. 우리가 이미 잘 아는 것처럼, 흉년 때에 아브라함은 하나님께 묻지 않고 애굽에 내려갔습니다. 애굽에서 하마터면 아내 사라를 잃을 뻔했습니다(12:10-20). 다시 흉년의 때에 이삭도 애굽에 내려가려고 했습니다. 그러나 하나님은 이삭이 애굽에 내려가는 것을 허락하지 않으셨습니다. 그랄에 거주하도록 명령하시고, 그렇게 하면 그의 자손을 하늘의 별과 같이 번성하게 하며 그 모든 땅을 그의 자손에게 주시겠다고 약속하셨습니다. 야곱은 잃어버렸던 아들 요셉을 한시라도 빨리 보고 싶은 마음 간절하였습니다. 그러나 먼저 애굽으로의 이주에 대해서 하나님께 묻기를 원했습니다. 야곱은 원래 자기 뜻만을 고집하는 사람이었습니다. 그러나 이제는 하나님의 뜻을 앞세우는 믿음의 사람이 되었습니다. 많은 경우, 우리는 우리의 길을 이미 다 정해 놓고 하나님께서 우리 길을 지지해주시고 우리를 도와주시기를 원합니다. 그리고 하나님께서 도와주시지 않는 것 같으면, 하나님께 원망 불평을 늘어놓죠. 그러나 먼저 우리의 마음을 비우고, 하나님의 뜻을 묻고, 인도하심을 받는 게 순서입니다. 그래야 하나님께서 우리 인생길을 가장 베스트의 길로 인도하실 수 있습니다. 그러면, 하나님의 응답은 무엇이었을까요?

3~4절을 볼까요? ***"하나님이 이르시되 나는 하나님이라 네 아버지의 하나님이니 애굽으로 내려가기를 두려워하지 말라 내가 거기서 너로 큰 민족을 이루게 하리라 내가 너와 함께 애굽으로 내려가겠고 반드시 너를 인도하여 다시 올라올 것이며 요셉이 그의 손으로 네 눈을 감기리라 하셨더라"*** 이 말씀을 보면, 하나님은 야곱이 애굽 땅으로 내려가는 것을 허락하셨습니다. 그런데 그것은 단순한 동의가 아니었습니다. 도리어 하나님의 계획 안에 애굽으로의 이주가 있었고, 그것을 이루시기 위한 강한 소원과 의지를 가지고 계셨습니다. ***"내가 거기서 너로 큰 민족을 이루게 하리라"*** 하나님은 야곱과 함께 애굽으로 내려가겠다고 하십니다. 그리고 그의 후손을 그곳에서 나오게 하시겠다고 하십니다. 창세기 15:13~16절에서 하나님은 이미 아브라함에게 이 말씀을 하셨던 적이 있습니다. ***"여호와께서 아브람에게 이르시되 너는 반드시 알라 네 자손이 이방에서 객이 되어 그들을 섬기겠고 그들은 사백 년 동안 네 자손을 괴롭히리니 그들이 섬기는 나라를 내가 징벌할지며 그 후에 네 자손이 큰 재물을 이끌고 나오리라 너는 장수하다가 평안히 조상에게로 돌아가 장사될 것이요 네 자손은 사대 만에 이 땅으로 돌아오리니 이는 아모리 족속의 죄악이 아직 가득 차지 아니함이니라 하시더니"*** 여기서 한 가지 의구심이 생길 수 있습니다. 왜 큰 민족을 이루는 것은 가나안이 아니라 애굽이어야 했을까요?

첫째, 하나님의 선민으로서 순결을 지키기 위해

야곱의 아들들은 이미 가나안 여인들과 혼인을 한 상태였습니다. 유다는 가나안 사람 수아의 딸과 결혼해서 엘, 오난, 그리고 셀라 세 아들을 낳았습니다(38:2-5). 자신만 이방 여인과 결혼한 게 아니라, 장자 엘을 다말이라고 하는 이방 여인과 결혼시켰습니다. 시므온의 아들 중에는 가나안 여인의 아들 사울이 있었습니다(46:10). 그들은 세겜에 있을 때부터 이미 이방 신들을 섬기고 있었습니다(35:2). 이렇게 해서는 도저히 하나님의 택한 백성으로서의 순결을 지킬 수 없었습니다. 이방 문화에 물든 상태로는 하나님의 백성으로서의 정체성을 지킬 수 없었습니다. 그래서 하나님은 야곱의 자손들이 외부와의 접촉이 단절된 고센 땅에 살면서 하나님이 택한 백성으로서의 순수성과 정체성을 지키기를 원하셨습니다.

둘째, 큰 민족을 이루기 위한 가장 좋은 환경을 이루기 위해서

아브라함과 이삭이 흉년으로 인해 애굽에 가려고 했었던 것을 기억할 때, 당시 애굽이 가장 풍요롭고 안전한 곳이었음을 짐작해 볼 수 있습니다. 아직 5년 동안은 아무것도 수확하지 못할 것이었습니다. 큰 민족을 이루기는커녕 가나안에서 모두 굶어 죽을 판이었습니다. 그러나 애굽에는 양식이 있었습니다. 그리고 하나님은 요셉과 바로를 쓰셔서 그들이 안전하게 애굽의 고센 땅에 거할 수 있도록 아주 좋은 환경을 예비하셨습니다. 요셉은 가족에게 바로가 그들의 직업에 대해 물으면 어렸을 때부터 항상 목축하는 사람들이었다고 대답하도록 했습니다. 애굽에서는 양 치는 목자들과 함께 사는 것이 금지되어 있었습니다. 이렇게 해서 그들은 고센 지역에 머물 수 있었습니다.

이제 야곱은 애굽에서 가장 힘 있는 두 사람과 대면하게 되었습니다. 한 사람은 애굽의 총리가 된 그의 아들 요셉이었습니다. 그리고 다른 한 사람은 절대 권력을 가진 바로였습니다. 46:29절을 보죠. 요셉은 그의 아버지를 맞이하러 나갔습니다. 사랑하는 아들 요셉의 얼굴을 못 본 지 무려 22년이 지난 후였습니다. 지난 세월이 주마등처럼 그의 뇌리에 스쳐갔습니다. 서로 목을 어긋맞춰 안고 한동안을 울었습니다. 야곱의 고백이 무엇이었을까요? 30절에 이렇게 말씀합니다. ***"네가 지금까지 살아 있고 내가 네 얼굴을 보았으니 지금 죽어도 족하도다"*** 이것이 야곱의 고백입니다. 그는 이제 아무 여한 없이 죽을 수 있었습니다. 지금 눈을 감아도 좋다고 생각했습니다. 그러나 사랑하는 아들을 보는 것이 너무 즐겁고 행복했습니다. 다음 날도, 그 다음 날도 아들 요셉을 보고 여전히 기쁘고 행복했습니다. 사랑하는 아들의 얼굴을 보다 보니 눈을 감을 수가 없었습니다. 그래서 사랑하는 아들 요셉의 얼굴을 계속 보려고 17년을 더 살았습니다(47:28).

그리고 나서 야곱은 바로를 만납니다. 야곱은 두 번이나 바로를 축복했습니다. 바로를 소개받자마자 한 번, 그리고 헤어지기 전에 다시 한 번 이렇게 두 번 바로를 축복합니다. 세상의 관점으로는 야곱보다 바로가 더 위대하고 더 풍요로운 사람이었습니다. 바로는 당시 절대 권력자로서 모든 것을 가지고 있던 사람이었습니다. 그러나 영적인 관점에서는 야곱이 바로보다 더 위대하고 더 풍요로운 사람이었습니다. 그래서 야곱은 하나님께서 그에게 주신 영적인 권위로 바로를 축복했습니다.

세상의 관점으로 보면, 우리는 가진 것이 별로 없어 보입니다. 그러나 하나님께서 주신 영적인 권위가 있습니다. 세상의 권세자라도 우리가 축복할 수 있습니다. 바로는 야곱의 나이를 묻습니다(47:8). 야곱은 그의 나그네 길의 세월이 백삼십 년이라고, 길지 않지만 험악한 세월을 보냈다고 대답합니다. 그는 인생을 나그네 길로 표현했습니다. 그러나 그가 그것을 처음부터 알았을까요? 날 때부터 알았을까요? 아니겠죠. 그의 세월이 험악했던 것은 인생이 나그넷길이라는 것을 잘 몰랐기 때문이죠. 전에 그의 인생의 모토는 투쟁과 쟁취였습니다. 그는 날 때부터 자기 손에 더 움켜쥐기 위해서 사람들과 투쟁했습니다. 아내들과 자녀들과 재물을 얻고 난 후에는 한 곳에 정착하여 안정된 삶을 누리고자 투쟁했습니다. 그래서 그의 인생은 험악했습니다. 그런데 영적인 눈을 뜨고 난 후에 그가 이것을 깨닫게 된 것입니다. '인생은 나그넷길이구나…' 싸워서 얻고 누리는 대신, 다른 사람들에게 나눠 주는 것, 하늘에 소망을 두고서… 이것이 인생입니다. 노년이 되어서야 깨달아야 할 이유가 없습니다. 할 수 있는 대로 빨리 깨닫는 것이 좋습니다. 실패나 실수가 없도록이요. 우리 인생은 단 한 번뿐입니다. 과거로 돌아갈 순 없습니다. 인생의 많은 날을 이미 산 후에 깨달았다면, 그것도 나쁘지 않습니다. 그러나 가능한 한 일찍 깨닫고 다른 사람들에게 나눠 주고 축복하는 인생, 현재 붙들고 있는 것을 내려놓고 미래를 준비하는 인생을 하루라도 더 빨리 사는 것이 낫습니다. 그래서 전도서 기자는 다음과 같이 말합니다. ***"너는 청년의 때에 너의 창조주를 기억하라 곧 곤고한 날이 이르기 전에, 나는 아무 낙이 없다고 할 해들이 가깝기 전에(12:1)"***

자녀들을 축복하다

47:27절을 보면, 하나님의 약속이 성취되는 것을 목격할 수 있습니다. ***"이스라엘 족속이 애굽 고센 땅에 거주하며 거기서 생업을 얻어 생육하고 번성하였더라"*** 요셉은 그의 아버지 요셉이 애굽에 거했던 17년 동안 그를 사랑하고 정성을 다해 섬겼습니다. 마치 그의 아버지 야곱이 그를 가나안에서 17년 동안 사랑하고 섬겼던 것처럼요. 우연인 것처럼 보이십니까? 저는 **하나님의 낭만**이라고 표현하고 싶습니다. 야곱이 요셉이 태어나고 그에게 극진한 사랑을 베푼 17년의 세월만큼, 하나님은 또 17년 동안 야곱이 인생 말년에 그 아들 요셉에게 사랑과 섬김을 받는 축복을 누리도록 하셨습니다. 야곱은 사랑하는 아들 요셉, 그리고 그와 더불어 평화롭게 살아가는 아들들을 가까이서 볼 수 있었습니다. 그리고 야곱은 증손자들 이름 짓느라 바빴습니다. 루벤의 손자 이름을 지은 게 엊그저께인데, 이번 주에는 유다의 손자의 이름을 지어야 했고, 또 곧 태어날 베냐민의 손자의 이름도 생각해 놓아야 했습니다. 이제 곧 생을 마칠 때가 가까워 오고 있었습니다. 이제 그의

인생의 마침표를 찍어야 했습니다. 야곱이 어떻게 그의 인생의 마침표를 아름답게 찍는지 살펴보죠.

첫째, 요셉에게 자신을 조상의 묘지에 장사하도록 맹세하게 했습니다.

야곱이 요셉에게 말합니다. ***"애굽에 나를 장사하지 아니하도록 하라 (29)" "너는 나를 애굽에서 메어다가 조상의 묘지에 장사하라 (30)"*** 이것이 그의 유언이었습니다. 그는 고센에서 그의 마지막 생애 17년을 너무도 행복하게 보냈습니다. 그럼에도 불구하고 그의 소망은 애굽에 있지 않았습니다. 그의 소망은 할아버지 아브라함이 묻힌 땅, 아버지 이삭이 묻힌 땅, 그리고 하나님의 약속의 땅에 있었습니다.

둘째, 요셉의 아들들을 축복했습니다(48:1-22).

1절을 보면, 요셉은 아버지가 병든 사실을 전해 듣고 두 아들 므낫세와 에브라임과 함께 아버지를 뵈러 갔습니다. 그때 야곱은 요셉에게 므낫세와 에브라임이 야곱에게 속할 것이라고 선언했습니다. 이것은 계승에 관한 문제입니다. 아마도 야곱은 애굽에서 권력과 명예를 누린 아버지 요셉을 계승하는 대신 믿음의 조상 아브라함을 계승한 자신을 계승하기를 원했는지 모릅니다. 14절에 보면, 야곱이 요셉의 두 아들을 축복할 때, 팔을 엇바꾸어 오른손을 펴서 차남 에브라임의 머리에 얹고 왼손을 펴서 장남 므낫세의 머리에 얹었습니다. 요셉은 이를 별로 좋게 여기지 않았습니다. 그러나 야곱이 이렇게 한 것은 하나님의 뜻에 따른 것이었습니다. 야곱이 비록 연로하긴 했지만, 아직 그의 영적인 시력은 선명했습니다.

셋째, 장래에 그의 열두 아들들에게 일어날 일을 예언했습니다(49:1-33).

르우벤은 장자였음에도 장자로서의 특권을 누릴 수 없었습니다. 아버지의 첩 빌하와 정욕의 죄를 지었기 때문이었습니다(4). 르우벤 지파에서는 단 한 번도 위대한 지도자가 배출된 적이 없었습니다. 시므온과 레위는 세겜 족속을 죽인 잔인함과 폭력성 때문에 축복받지 못했습니다. 유다는 크게 축복받았습니다. 유다 지파는 전쟁에서 이기고 큰 승리를 거두게 됩니다. 형제 중에 탁월할 것입니다. 많은 왕들이 나오고 무엇보다 그 후손 가운데 메시아가 탄생할 것입니다. 야곱은 다른 아들들도 축복했습니다. 특별히 요셉은 다른 형제들보다 큰 축복을 받았습니다. 가나안 땅을 분배 받을 때 요셉의 두 아들들은 각기 이스라엘 열두 지파 중의 한 지파를 이루어 땅을 분배받게 됩니다.

33절을 보겠습니다. ***"야곱이 아들에게 명하기를 마치고 그 발을 침상에 모으고 숨을 거두니 그의 백성에게로 돌아갔더라"*** 야곱은 약속의 땅에 소망을 둔 채로, 믿음으로 그의 아들들을 축복하고, 파란만장한 그의 생을 마감했습니다. 하나님의 구속 역사 편에서 그의 인생을 조명해볼 때, 그는 이스라엘 열두 지파를 이루는 데 귀하게 쓰임받았습니다. 그래서 야곱의 인생은 비록 나그넷길과 같은 험악한 세월이긴 했지만, 위대하고 아름다운 인생이었다고 말할 수 있습니다.

열다섯 번째 이야기

소망을 말하다
- 유언

야곱의 죽음 후에 요셉은 야곱을 가나안 땅에 메고 가 거기서 장사하였습니다. 그러나 요셉의 형들은 한 가지 근심거리가 생겼습니다. 그들을 방어해 주던 보호막이 사라진 탓이었습니다. 그들은 요셉이 아버지 야곱 때문에 복수를 참고 있었다고 생각했습니다. 물론 착각이었지만 그들은 17년간 그렇게 생각하고 살아왔습니다. 그래서 늘 그들의 감사 제목은 아버지 야곱이 여전히 살아 있는 것이었습니다. 그러나 결국 때는 왔습니다. 그들의 방패였던 아버지가 죽었습니다. 그리고 그들은 낯선 이방 땅에 남겨졌습니다. 이제 그들이 알아서 살아남아야 했습니다. 의논 끝에, 죽은 아버지의 도움을 받아서라도 위험 요소를 차단해야겠다는 결론을 내립니다.

16~17절을 볼까요? ***"요셉에게 말을 전하여 이르되 당신의 아버지가 돌아가시기 전에 명령하여 이르시기를 너희는 이같이 요셉에게 이***

르라 네 형들이 네게 악을 행하였을지라도 이제 바라건대 그들의 허물과 죄를 용서하라 하셨나니 당신 아버지의 하나님의 종들인 우리 죄를 이제 용서하소서 하매 요셉이 그들이 그에게 하는 말을 들을 때에 울었더라" 그들은 먼저 요셉에게 사람을 보내어 아버지 야곱이 자신들의 죄를 용서하라고 했다는 메시지를 전했습니다. 그리고는 또 직접 요셉에게 와서 요셉의 앞에 이마를 바닥에 대고 엎드려 말합니다. ***"우리는 당신의 종들이니이다 (18)"***. 전에 그들은 자신들이 요셉에게 엎드려 절하리라 했던 요셉의 꿈 이야기를 듣고 몹시 언짢아하고 화를 냈었습니다. 그런데 이제는 아무 때나 요셉에게 엎드립니다. 그때 요셉의 반응이 어떠했습니까?

첫째, 울었습니다(17b).

요셉은 왜 울었을까요? 그의 눈물의 성분은 무엇이었을까요? 요셉의 편에서 이 상황을 보면, 형들의 반응은 매우 의아했습니다. 이미 17년 전에, 요셉은 형들을 용서했습니다. 실상 용서할 필요도 없었습니다. 그는 이미 형들에게 모든 것이 하나님의 주권과 섭리에 의한 것이었다고 상황을 해석해 주었습니다. 요셉의 간증을 다시 한번 확인해 볼까요? 45:5절입니다. ***"당신들이 나를 이 곳에 팔았다고 해서 근심하지 마소서 한탄하지 마소서 하나님이 생명을 구원하시려고 나를 당신들보다 먼저 보내셨나이다"*** 45:7,8절도 보죠. ***"하나님이 큰 구원으로 당신들의 생명을 보존하고 당신들의 후손을 세상에 두시려고 나를 당***

신들보다 먼저 보내셨나니 그런즉 나를 이리로 보낸 이는 당신들이 아니요 하나님이시라 하나님이 나를 바로에게 아버지로 삼으시고 그 온 집의 주로 삼으시며 애굽 온 땅의 통치자로 삼으셨나이다" 그들은 전에 요셉이 했던 이 말을 믿지 않았거나 혹은 잊어버린 것처럼 보입니다. 그들은 아직 요셉을 잘 알지 못했습니다. 요셉의 성숙한 믿음 그리고 요셉의 자애로운 성품을 알지 못했습니다. 태평양보다 더 넓은 하나님의 자비와 사랑을 알지 못했습니다. 그들이 저질렀던 죄의 그림자 아래서 여지껏 고통받고 있었습니다. 그래서 요셉은 그런 형들로 인해 울었습니다.

둘째, 다정하게 형들을 진정시켰습니다.

요셉은 하나님의 섭리대로 많은 백성의 생명을 구원하시려고 형들의 악을 하나님께서 선으로 바꾸셨다고 다시 한번 형들에게 이해시켰습니다. 두 번이나 두려워하지 말라고 형들을 안심시켰습니다. 그리고 형들과 형들의 자녀들을 기르겠다고 간곡한 말로 위로했습니다.

22~26절을 보면, 요셉은 약속대로 형들을 돌보고 난 후 죽음을 맞습니다. 야곱이 죽을 때 요셉의 나이는 대략 56세였습니다. 요셉은 110세에 죽었습니다(22). 형제들과 형제들의 자녀들을 대략 71년 동안 돌보고, 80년 동안 애굽의 총리로서 충성스럽게 일한 후, 요셉은 그의 아름다운 생애를 마쳤습니다. 지금까지 요셉의 생애가 얼마나 아름답고 위대했는지 구체적으로 살펴보았기 때문에 새삼 여기서 다시 그의 인생

에 대해서 조명할 필요는 없을 것 같습니다. 그러나 요셉의 위대함은 그의 생애보다 그의 죽음에 더 잘 나타나 있습니다. 무슨 말이냐고요?

하나님은 창세기를 통해서 구속 역사의 기초를, 그리고 출애굽기를 통해서 구속 역사의 모델을 완성하셨습니다. 이 두 책의 연결 지점에 바로 요셉이 있었습니다. 그는 하나님의 역사, 하나님의 소망에 대해 매우 잘 알고 있었습니다. 그가 형제들에게 남긴 그의 유언을 들어보죠. ***"나는 죽을 것이나 하나님이 당신들을 돌보시고 당신들을 이 땅에서 인도하여 내사 아브라함과 이삭과 야곱에게 맹세하신 땅에 이르게 하시리라 (24)" "하나님이 반드시 당신들을 돌보시리니 당신들은 여기서 내 해골을 메고 올라가겠다 하라 (25)"*** 사람이 죽을 때가 되면, 자기를 묻을 곳에 대해서 말합니다. 자기가 묻히기를 바라는 곳은 바로 그의 소망을 두었던 곳입니다. 요셉은 약속의 땅 가나안에서 고작 17년을 살았습니다. 그리고 그 땅은 형들의 미움으로 노예로 팔려가게 된 쓰라린 기억이 있는 땅이었습니다. 반면, 애굽에서 그는 93년을 살았습니다. 그리고 80년 동안 애굽의 총리로서 온갖 영광과 명예를 누렸습니다. 그런데, 그의 소망을 어디에 두고 살았다고요? 가나안입니까? 아니면 애굽입니까? 애굽에 있어야 할 것 같죠. 그러나 그는 형제들에게 자기의 해골을 가나안으로 메고 올라가라고 부탁합니다. 그의 소망은 총리로서 영광을 누렸던 애굽에 있지 않았던 거죠.

그의 소망은 하나님의 약속이 있는 땅에 있습니다. 그의 소망은 하나님이 다스리시는 하나님 나라에 있었습니다. 그래서 그는 죽을 때가 임박했음에도 형들에게 확신 있게 말할 수 있었습니다. ***"나는 죽을 것 이나 하나님이 당신들을 돌보시고 당신들을 이 땅에서 인도하여 내사 아브라함과 이삭과 야곱에게 맹세하신 땅에 이르게 하시리라"*** 그리고 확신 있게 형제들에게 맹세를 시킬 수 있었습니다. ***"당신들은 여기서 내 해골을 메고 올라가겠다 하라 (22)"*** 그는 하나님께서 이 모든 것을 이루실 것을 믿고 알았기 때문에 평안히 눈을 감을 수 있었습니다. 믿음의 장이라고 일컫는 히브리서 11장에 보면, 요셉의 아름다운 생애에 대해 단 한 줄로 서술되어 있습니다. ***"믿음으로 요셉은 임종시에 이스라엘 자손들이 떠날 것을 말하고 또 자기 뼈를 위하여 명하였으며"***

그러면, 이스라엘 자손은 정말로 요셉의 해골을 메고 가나안으로 올라갔을까요? 출애굽기 13:18,19절에서 확인해 볼 수 있습니다. ***"그러므로 하나님이 홍해의 광야 길로 돌려 백성을 인도하시매 이스라엘 자손이 애굽 땅에서 대열을 지어 나올 때에 모세가 요셉의 유골을 가졌으니 이는 요셉이 이스라엘 자손으로 단단히 맹세하게 하여 이르기를 하나님이 반드시 너희를 찾아오시리니 너희는 내 유골을 여기서 가지고 나가라 하였음이더라"*** 그리고 여호수아 24:32절에 보면, 이스라엘 자손이 애굽에서 가져온 요셉의 뼈를 세겜에 장사하였다고 기록합니다. 요셉의 소망은 정말로 현실이 되었습니다. 야곱의 가족, 이스라엘 자손은 몸은 비록 애굽 땅에 살았지만, 하나님의 약속의 땅에 대한 소망을 버리지 않고, 끝까지 소중히 간직하고 소망하며 살았습니다.

결론을 내도록 하죠. 이 책의 결론뿐 아니라 창세기 전체의 결론입니다. 죽은 자는 말이 없다고 하죠. 그런데 죽어서도 여전히 말하고 있는 사람들이 있습니다. 우리는 그들을 *'믿음의 영웅'*이라고 부릅니다. 아브라함, 이삭, 야곱, 그리고 요셉… 그들은 믿음의 영웅들이었습니다. 왜요? 똑똑해서요? 능력이 많아서요? 이유는 단 하나입니다. 그들의 소망이 하나님의 약속의 땅, 하나님 나라에 있었기 때문입니다. 베드로전서 3:15절은 말씀합니다. ***"너희 마음에 그리스도를 주로 삼아 거룩하게 하고 너희 속에 있는 소망에 관한 이유를 묻는 자에게는 대답할 것을 항상 준비하되 온유와 두려움으로 하고"*** 그들은 그들 속에 있는 소망에 관한 이유를 묻는 자에게 대답할 것을 준비하고 살았습니다. 야곱과 그의 가족의 이야기는 다음과 같이 끝이 납니다. ***"요셉이 백십 세에 죽으매 그들이 그의 몸에 향재료를 넣고 애굽에서 입관하였더라 (50)"*** 그의 육신은 죽어 관 안에 갇혔습니다. 그러나 관 안에 갇히지 않고 오늘까지도 우리에게 중대한 교훈을 주고 있는 것이 있습니다. 그것이 무엇일까요? 그것은 바로 요셉의 꿈과 소망입니다.

그가 꿈꾸고 소망한 것은 무엇이었을까요? 히브리서 11:14~16절입니다. ***"그들이 나온 바 본향을 생각하였더라면 돌아갈 기회가 있었으려니와 그들이 이제는 더 나은 본향을 사모하니 곧 하늘에 있는 것이라 이러므로 하나님이 그들의 하나님이라 일컬음 받으심을 부끄러워하지 아니하시고 그들을 위하여 한 성을 예비하셨느니라"*** 아브라함이, 이삭이, 야곱이, 요셉이, 요셉의 형들이 그토록 사모하고 소망했던 것은 하나님의 나라입니다. **하나님께서 친히 설계하시고 건축하신 나**

라, 하나님께서 우리를 위하여 하늘에 예비하신 나라, 썩지 않고 더럽지 않고 쇠하지 않는 나라(벧전1:4), 다시 사망이 없고 애통하는 것이나 곡하는 것이나 아픈 것이 다시 없는 나라(계21:4), 수정 같이 맑은 생명수의 강이 흐르는 나라(계22:1), 다시 저주가 없으며, 다시 밤이 없겠고 등불과 햇빛이 쓸데 없는 나라(계22:3-5), 어찌 이 아름답고 영광스러운 나라를 사모하고 소망하지 않을 수 있겠습니까? 우리가 살아서 뿐 아니라 우리가 죽어서도 하나님의 약속의 땅, 하나님 나라에 우리의 꿈과 소망을 두고 살길 간절히 바라고 기도합니다.

나가며

야곱은 자기 집을 세워 이 땅에서 번영하는 소망을 가졌었습니다. 요셉의 형들은 이 땅에서의 안정을 소망했었습니다. 요셉은 애굽의 총리로 이 땅에서의 번영과 안정을 다 누렸습니다. 그러나 그들은 결국 하나님의 약속이 있는 가나안 땅에 그들의 소망을 두었습니다. 우리는 어디에 소망을 두고 살아가고 있습니까?

야곱의 가족의 이야기를 시작하며 악뮤 이찬혁의 'ERROR'라는 앨범에 대한 소개를 간략히 했습니다. 앨범의 피날레를 장식하는 곡은 '*장례희망*'이란 곡입니다. '장래 희망'이 아니라 '*장례희망*'이죠. 노랫말을 보면 장례식에 대한 그의 희망이 담겨 있을 뿐 아니라, 천국에 대한 그의 소망 또한 담겨 있습니다.

종종 상상했던 내 장례식엔

축하와 환호성 또 박수갈채가

있는 파티가 됐으면 했네

왜냐면 난 천국에 있기 때문에

Hallelujah꿈의 왕국에 입성한 아들을 위해

Hallelujah 함께 일어나 춤을 추고 뛰며 찬양해

Hallelujah 꿈의 왕국에 입성한 아들을 위해

Hallelujah 큰 목소리로 기뻐 손뼉 치며 외치세

분명 우리의 죽음은 에러입니다. 에러라는 말은 *'제 위치를 벗어난'*, *'방황하는'*이라는 의미를 가지고 있습니다. 죄가 아니었다면, 우리가 제 위치를 벗어나 방황하지 않았더라면, 불청객처럼 우리를 찾아오지 않았을 *'에러'*와 같은 것이 바로 죽음입니다. 저는 이 땅에서의 삶을 *'모순'*이라고 표현하고 싶습니다. 실락원 이후로 이 이 땅에서의 삶은 모순투성이입니다. 삶은 모순이고, 죽음은 에러입니다. 그것이 우리가 이 땅에 소망둘 수 없는 이유입니다. 그래서 우리의 소망은 방황하지 않고 제 위치로 돌아가는 것이 되어야 할 것입니다. 어디가 우리의 제 위치입니까? 천국이라고 노래하고 있지 않습니까? 꿈의 왕국에 입성한 아들이라고 외치고 있지 않습니까? 하나님의 약속이 있는 곳, 하나님 아버지가 다스리시고 통치하시는 곳, 그래서 모순이 없고 에러가 없는 하나님 나라가 바로 우리의 진정한 소망입니다. 끝까지 하나님

나라를 소망하며 사는 저와 여러분 되기를 간절히 바라고 기도하며 부족한 글에 마침표를 찍습니다. 영광은 주님 홀로 받으소서!

감사의 말

온 정성을 다해 키우신 외아들을 선교 일선에 보내시고, 날마다 새벽을 깨워 눈물로 중보기도해 주시는 어머니 최재순 권사님께 저의 모든 사랑과 존경을 담아 감사 인사 드립니다.

기쁨이요 자랑이신 첫째 딸을 타국 멀리 선교 일선에 떠나보내시고, 한시도 기도와 격려를 잊지 않으시는 장인 황만규 장로님, 장모 홍선옥 권사님께 고개 숙여 감사와 사랑을 전합니다.

20년 넘게 한결같은 마음으로 어렵고 힘든 길 동행하여 주는 사랑하는 아내 황정아 선교사와 부족한 아빠를 향한 무조건적이고 절대적인 사랑과 응원 아끼지 않는 보물 같은 세 자녀 바울, 다윗, 에스더에게 마음속 깊은 사랑과 고마움을 전합니다.

말씀과 기도의 사람이 되도록 늘 격려해 주시고, 평생 앞장서 신앙의 본을 보여 주시고, 때마다 영육 간에 후원을 아끼지 않으시는 저의 영적 스승 서진태 목사님께 깊은 존경과 감사의 말씀을 올립니다.

끝까지 소망하라

ⓒ 박수산, 2025

초판 1쇄 발행 2025년 3월 20일

지은이 박수산
펴낸이 이기봉
편집 좋은땅 편집팀
펴낸곳 도서출판 좋은땅
주소 서울특별시 마포구 양화로12길 26 지월드빌딩 (서교동 395-7)
전화 02)374-8616~7
팩스 02)374-8614
이메일 gworldbook@naver.com
홈페이지 www.g-world.co.kr

ISBN 979-11-388-4077-4 (03230)

• 가격은 뒤표지에 있습니다.
• 이 책은 저작권법에 의하여 보호를 받는 저작물이므로 무단 전재와 복제를 금합니다.
• 파본은 구입하신 서점에서 교환해 드립니다.